# 저자소개

### 기획 / 김상욱

경희대학교 물리학과 교수. 예술을 사랑하고 미술관을 즐겨 찾는 '다정한 물리학자'. 카이스트에서 물리학으로 박사학위를 받았고, 독일 막스플랑크연구소 연구원, 도쿄대학교와 인스부르크대학교 방문교수 등을 역임했습니다. 주로 양자과학, 정보물리를 연구하며 70여 편의 SCI 논문을 게재했습니다.

### 글 / 김하연

프랑스 리옹3대학에서 현대문학을 공부했습니다. 어린이 잡지 <개똥이네 놀이터>에 장편동화를 연재하며 작품 활동을 시작했으며, 지금은 어린이와 청소년을 위한 글을 쓰고 있습니다. 쓴 책으로 동화 <소능력자들> 시리즈, <똥 학교는 싫어요!>, 청소년 소설 <시간을 건너는 집> 시리즈, <너만 모르는 진실>, <지명여중 추리소설 창작반>, <블랙북>, <나만 아는 거짓말>이 있습니다.

### 그림 / 정순규

자유로운 상상을 좋아하는 일러스트레이터. 고려대 생명과학부 졸업 후 좋아하는 일을 하기 위해 꿈을 찾아 그림을 그리기 시작했습니다. 부산 아웃도어미션 게임 <바다 위의 하늘 정원> 외 2개의 테마 그림 작업을 했습니다.

### 자문 / 강신철

과학 커뮤니케이터. 자연을 바라보며 그 속의 진실을 발견하고, 과학을 만들어가는 사람의 역할을 소중히 여깁니다. 과학을 삶과 연결하는 대화를 즐깁니다.
극단 <외계공작소>에서 과학과 인문학을 융합한 과학문화콘텐츠를 기획하고 있으며, 서울대학교에서 물리교육으로 박사 학위를 마쳤습니다.

어린이를 위한 세상의 모든 과학

물리박사 김상욱의
수상한 연구실
❽ 운동: 영차! 운동회 대소동

기획 김상욱 | 글 김하연 | 그림 정순규 | 자문 강신철

아울북

## 기획자의 글

**물리를 알면 과학이 쉬워집니다.**

어린 시절, 우리 모두 과학자였다면 믿으실 수 있나요? 땅속이 궁금해서 땅을 파보거나, 무지개 끝에 가보려고 하염없이 걸었거나, 장난감이 어떻게 작동하는지 궁금하여 분해해 본 적 있다면 여러분은 과학자였습니다. 어쩌면 과학자는 어린 시절의 흥미를 잃지 않고 간직한 사람인지도 모릅니다. 그렇다면 우리 어린이들이 과학에 대한 관심을 잃지 않도록 지켜야 하지 않을까요?

과학 중에서도 물리는 특별합니다. 오늘날 과학이라고 부르는 학문은 17세기 뉴턴의 물리학에서 시작되었다고 해도 과언은 아니기 때문이죠. 거칠게 말해서 현대과학은 물리의 언어와 개념을 사용하여 물리적 방법으로 수행되는 활동입니다. 화학에서 원자구조를 계산하고, 생명과학에서 에너지를 이야기하며, 전자공학에서 양자역학을 사용하고, 천문학에서 상대성 이론을 적용하는 것처럼 말이죠. 물리는 모든 자연에 들어있는 가장 근본적인 원리를 다루는 학문이기 때문입니다. 따라서 물리를 모르면 과학을 이해하기 힘듭니다.

과학자가 되지 않으면 물리를 몰라도 될까요? 현대는 과학기술의 시대입니다. 지난 200여 년 동안 일어난 중요한 변화는 대개 과학기술의 결과물입니다. 지금은 과학기술 없이 단 한 순간도 살 수 없는 시대라는 뜻입니다. 이제 과학은 전문가들만의 지식이 아니라 현대를 살아가는 상식이자 교양이 되었습니다.

어린이들은 물리가 다루는 여러 어려운 주제에 대해 이미 잘 알고 있으며 심지어 좋아합니다. SF영화에 단골로 등장하는 블랙홀, 빅뱅, 타임머신, 순간이동, 투명망토, 원자폭탄, 평행우주 등이 그 예죠. 하지만, 막상 수학으로 무장한 교과서 물리를 만나면 흥미를 잃어버립니다. 물리를 제대로 이해하려면 결국 수학도 알아야 하지만, 교양으로서의 물리를 알기 위해 수학이 꼭 필요한 것은 아닙니다. 사실 물리학자에게도 엄밀한 수식보다 자연에 대한 직관적인 이해가 중요한 경우가 많습니다. 이렇듯 어린이들이 이미 가지고 있는 물리에 대한 호기심을 일깨우고, 제대로 된 지식을 알고 싶다는 동기를 불러일으키는 것이 더 중요하다고 생각합니다.

출간 제안을 받았을 때, 과학학습만화 시리즈를 틈틈이 읽던 저의 어린 시절이 떠올랐습니다. 공룡과 곤충 이야기에는 흠뻑 빠졌지만, 물리를 다룬 이야기는 지루했던 기억이 납니다. 당시 물리 이야기도 공룡이나 곤충처럼 재미있게 읽었다면 좀 더 일찍 물리학자의 꿈을 키울 수 있지 않았을까하는 상상도 해봅니다.

이 시리즈를 준비하며 저와 강신철 박사가 꼭 다뤄야 할 물리 개념을 정리했고, 그것을 바탕으로 김하연 작가가 어린이들이 정말 좋아할 이야기를 만들었습니다. 제가 등장하여 아이들과 미스터리를 풀어간다는 설정이 특히 마음에 드는데, 그 과정에서 중요한 물리 개념이 하나씩 등장하게 됩니다. 무엇보다 정순규 작가의 삽화가 너무 멋지고 사랑스러워서 더욱 몰입할 수 있을 거라고 기대합니다. 최선을 다해 만든 이 책을 읽고 많은 어린이들이 물리와 사랑에 빠지는 계기가 되길 기원합니다.

물리학자 김상욱

# 차례

- 저자소개 ⋯ 2
- 기획자의 글 ⋯ 4
- 등장인물 소개 ⋯ 8

① **햇빛 마을에 돌아온 건우 할머니**　10
　비밀 연구 일지 1 ／ 일상의 운동과 물리에서의 운동

② **열려라, 햇빛 초등학교 운동회!**　28
　비밀 연구 일지 2 ／ 속도와 속력은 엄연히 다른 것!

③ **하늘을 향해 던져라!**　52
　비밀 연구 일지 3 ／ 등속 운동 vs 등가속도 운동

④ **당기고, 당기고**　68
　비밀 연구 일지 4 ／ 멈춰라! 계속 움직여라!

## ⑤ 확실해진 의심　　　　　　86
비밀 연구 일지 5 / 다시 제자리로 돌아가자!

## ⑥ 영원한 적은 없다　　　　　110
비밀 연구 일지 6 / 힘은 짝꿍이다!

## ⑦ 시도하지 않으면 실패뿐!　　128
비밀 연구 일지 7 / 원운동 속 힘의 방향은 어디일까?

- 물리 이데아 도감 : 운동 ⋯ 152
- 쿠키 ⋯ 154
- 9권 미리보기 ⋯ 158

# 등장인물 소개

## 김상욱 아저씨

**'또만나 떡볶이'의 새 주인.**
떡볶이 만드는 걸 물리보다 어려워하는 이상한 아저씨다. 어딘가 어설프고 어리바리해 보이지만, 떡볶이집에 엄청난 비밀을 숨겨놓은 것 같다.

## 태리

**떡볶이 동아리 '매콤달콤'의 리더.**
활발하고 솔직한 성격으로 친구들에게 인기가 많지만, 가끔은 지나친 솔직함으로 친구들을 난처하게 만들기도 한다.

## 해나

**'매콤달콤'의 브레인.**
웬만해선 손에서 책을 놓지 않는 만큼 잡다한 지식을 알고 있다. 하지만 고지식하고 시큰둥한 성격의 소유자다.

## 건우

**자타공인 '매콤달콤'의 사고뭉치.**
공부가 세상에서 제일 싫지만 그중에서도 싫어하는 과목은 수학과 과학. 가끔씩 기발한 아이디어로 모두를 깜짝 놀라게 한다.

### 레드

**마두식 회장의 최측근 비서.**
마 회장이 누구보다도 믿는 엘리트 부하.
냉철함과 뛰어난 판단력을 자랑한다.
고집불통인 마 회장도 레드의
말이라면 신뢰하고 따른다.

### 마두식 회장

**엔진 제조 회사 '에너지킹'의 회장.**
'에너지킹'에서 만든 초강력 신형 엔진 덕분에
하루아침에 부자가 되었다.
세계인의 영웅이라 불리지만
거대한 음모를 숨기고 있다.

### 이룩한 박사

**'또만나 떡볶이'의 전 주인.**
까칠한 성격 탓에
'또만나 떡볶이'가 인기를 잃어버리는 데
한몫한 장본인. 언제, 어디로, 어떻게
사라졌는지 아무도 모른다.

### 블랙&화이트

**마두식 회장의 부하 콤비.**
마 회장이 하루에도 수십번씩 해고를
고민할 정도로 사고뭉치들이다. 어디로
튈지 모르는 성격에, 마 회장이 내린
지시를 까먹기 일쑤다.

### 벨라 요원

**'이데아 수호 협회'의 요원.**
겉으로는 까칠해 보이지만, 이데아를
잡는 데 필요한 준비물들을 가져다주는 등
김상욱 아저씨가 연락할 때마다
도움을 주러 등장한다.

# 1
# 햇빛 마을에 돌아온 건우 할머니

햇빛 마을의 토요일 오후.

건우는 모처럼 집중력을 한껏 발휘하고 있었다. 공부할 때는 삼십 분도 진득하게 못 앉아 있는 건우였건만, 지금은 벌써 한 시간이나 지난 줄도 모른 채 무언가에 몰두 중이었다.

건우가 있는 곳은 슬라임 카페. 얼마 전에 문을 연 후로 햇빛 마을 어린이들의 관심과 사랑을 독차지하고 있는 곳이었다.

슬라임으로 할 수 있는 일은 무궁무진했다. 다양한 파츠와 토핑을 넣거나 향기가 나는 향료를 추가할 수도 있다. 또 원하는 색깔의 색소를 넣을 수도 있다.

건우는 슬라임이 투명해질 때까지 길게 늘여 보기도 하고, 둘둘 말아 똥 모양을 만들어 보기도 했다. 하지만 시계를 무심코 올려다본 건우는 놀라서 벌떡 일어날 수밖에 없었다.

오늘은 대한민국의 고추장 명인으로 유명한 건우의 할머니가 오랜만에 햇빛 마을에 놀러 오는 날이다. 할머니가 선물한 고추장 덕분에 또만나 떡볶이는 한때나마 대박이 난 적도 있었다.

평소라면 또만나 떡볶이에서 김상욱 아저씨를 도왔겠지만 오늘은 지하철역으로 할머니를 마중 가야 했다.

출발하기 전에 건우는 조몰락거리던 슬라임을 내려놓고 화장실로 향했다. 빈자리를 발견한 슬라임 카페 사장님은 다른 손님을 받기 위해 건우가 만들던 슬라임과 반죽 통을 치웠다.

건우가 화장실에서 돌아왔을 때, 테이블 위에는 하얀색 슬라임만 덩그러니 놓여 있을 뿐이었다.

실랑이를 벌일 여유는 없었다. 건우는 하얀 슬라임을 손에 쥐고 카페 밖으로 나갔다.

횡단보도에서 신호를 기다리며 슬라임을 꾹꾹 눌러 보던 건우는 고개를 갸웃했다. 카페에서 만들었던 슬라임보다 훨씬 말랑거렸으니까.

횡단보도 신호가 바뀌자 건우는 가방 앞주머니에 슬라임을 넣고 길을 건넜다. 지하철역 앞에 서 있던 할머니가 건우를 반겼다.

두 사람은 손을 꼭 잡은 채 그간의 이야기를 나누며 지하로 내려가는 에스컬레이터에 몸을 실었다.

하지만 두 사람이 중간쯤 내려갔을 때, 덜컹 소리와 함께 에스컬레이터가 멈췄다. 그러자 손잡이를 잡고 있지 않던 두 사람의 몸이 앞으로 쏠렸다. 할머니는 본능적으로 건우를 자기 쪽으로 끌어당겼다.

그때였다. 할머니의 몸이 알 수 없는 힘으로 떠올랐다. 할머니는 건우를 든 채 몸을 틀어 뒤쪽으로 포물선을 그리며 한 바퀴 돌더니 에스컬레이터가 끝나는 곳에 이르러 바닥에 착지했다.

다리에 힘이 풀린 할머니는 건우와 함께 바닥에 주저앉았다. 사람들이 건우와 할머니 곁으로 모여들었다.

건우는 하얗게 질린 얼굴로 할머니를 올려다봤다. 방금 자신에게 일어난 일을 도저히 믿을 수가 없었다. 얼떨떨하기는 할머니도 마찬가지였다.

몸이 그렇게 가벼운 기분을 마지막으로 언제 느껴 봤던가. 할머니가 엄지손가락을 세워 보이자 사람들 사이에서 박수와 함성이 터졌다. 그 자리에 있는 누구도 알지 못했다.

잠시 밖으로 나갔다가 건우의 가방 안으로 돌아온 슬라임도 흐뭇하게 미소 짓고 있었다는 것을.

다음 날 저녁, 오늘도 썰렁한 또만나 떡볶이에는 김상욱 아저씨와 매콤달콤 삼총사, 그리고 건우 할머니가 모여 있었다. 그들은 너튜브에 올라온 건우 할머니의 동영상을 보고 또 보았다.

건우가 흥분한 목소리로 떠들었다.
"지하철역에 있던 사람이 동영상을 찍어서 너튜브에 올렸어요. 조회수가 벌써 십만을 넘었다고요! 오늘은 햇빛 마을 뉴스에도 나왔고요!"
태리가 물었다.
"어떻게 된 거예요, 할머니? 진짜 백덤블링을 하신 거예요?"

"우리 할머니 짱!"

"그렇다니까. 다리가 갑자기 근질근질하더니 누가 나를 번쩍 들어 올리는 거 같았어. 우리 귀한 손주가 다칠까 봐 돌아가신 건우 할아버지가 하늘에서 도와주신 거 아니겠냐."

할머니는 손수건으로 촉촉해진 눈가를 눌렀다.

해나가 김상욱 아저씨에게 물었다.

"아저씨는 어떻게 생각하세요? 할머니가 갑자기 백덤블링을 하신다는 게 과학적으로 가능해요?"

"인간은 긴박한 순간에 놓이면 일시적으로 강한 힘을 발휘하기도 해. 하지만 할머님이 지금껏 한 번도 해본 적 없는 백덤블링을 한다는 건 말이 안 되지."

김상욱 아저씨는 할머니의 눈빛을 피하며 말을 이었다.

"물리의 운동 법칙에 따르면 버스가 갑자기 멈췄을 때는 몸이 앞으로 쏠리듯이, 에스컬레이터가 갑자기 멈춘 상황에서는 당연히 앞으로 넘어져야……."

"자네는 이 동영상을 보고도 그런 소리가 나와? 그리고 물리랑 운동이 무슨 상관인가!"

그러자 김상욱 아저씨의 표정이 다시 밝아졌다.

"좋은 질문이네요! 물리적인 의미의 운동은 일상적인 운동의 의미와 다르거든요. 그럼 여기서 문제!"

김상욱 아저씨가 할머니의 얼굴 앞에 검지를 흔들었다.

"땡! 할머님은 지금도 운동을 하고 계신 겁니다. 물리에서 운동이란 시간에 따라 위치가 바뀌는 걸 의미하거든요. 달리기나 수영 같은 운동이 아니라요. 그런데 움직이지 않는 것도 운동의 하나입니다. 시간이 흘러도 위치가 그대로인 운동이죠."

건우는 슬라임 카페에서 가져온 하얀 슬라임을 만지작거리며 할머니의 일그러진 얼굴을 바라봤다. 늘 장난만 치는 건우였지만 할아버지가 돌아가시고 혼자 남은 할머니를 생각하면 마음이 시큰거렸다.

그때, 생각에 잠겨 있던 건우의 눈이 동그래졌다.
"아, 그렇지! '운동'이라는 말을 들으니까 생각나네! 할머니, 저랑 운동회에 가요!"
"운동회?"
"네! 우리 학교에서 학부모 동반 운동회를 하거든요. 저는 할머니랑 갈래요!"

건우의 말에 태리가 기다렸다는 듯이 외쳤다.
"저는 아저씨랑 갈래요! 지난번에도 저희 부모님이 바쁘셔서 자기부상열차 시승식에 아저씨가 와 주셨잖아요!"
자기부상열차 시승식. 갑자기 나타난 자기 이데아 마꺼비와 전기 이데아 또르 때문에 큰 사고가 날 뻔했던 곳.

김상욱 아저씨는 태리의 초롱초롱한 눈빛을 피해 고개를 돌렸다. 초등학교 운동회에 이데아가 나타날 리는 없겠지만, 운동에는 영 소질이 없다. 자신 때문에 운동회에서 지기라도 한다면 영원히 아이들의 구박과 놀림에 시달릴 것이다.

해나가 눈을 껌벅이는 동안 건우가 김상욱 아저씨의 팔을 흔들었다.

"뭐 하세요, 벨라 아줌마한테 빨리 전화해 보세요."

"벨라 요원님이 운동회에 오시겠니? 바쁘다고 짜증이나 내겠지. 그런데 아까부터 넌 뭘 그렇게 주물럭거려?"

건우가 김상욱 아저씨의 손에 슬라임을 쥐여 주었다.

김상욱 아저씨는 그만 입을 다물 수밖에 없었다. 건우 할머니와 아이들이 자신을 빤히 쳐다보고 있었으니까.

정이라고는 눈곱만큼도 없구먼. 그러니 가게가 이 모양이지.

의리도 없고요.

괜찮아요. 해나랑 둘이 놀죠, 뭐….

안 도와주셔도 돼요. 저희는 늘 아저씨를 도와드렸지만.

김상욱 아저씨의 신음 소리가 오늘도 썰렁한 또만나 떡볶이에 내려앉았다. 모두의 따가운 눈총 속에 아저씨는 결국 고개를 끄덕였다.

알았어, 간다, 가! 가면 되잖아!

누가 내 얘기 하나?

후비적

# 1 일상의 운동과 물리에서의 운동

### 오늘의 연구 대상

가만히 앉아 계시는 건우 할머니가 운동을 하고 있다는
김상욱 아저씨의 말은 무슨 뜻일까?

**먼저 운동이란 무엇인지에 대해 알아보자!**

### 오늘의 일지

## 운동 VS 운동

운동이라고 하면 보통 달리기나 축구처럼 몸을 움직이는 걸 떠오르곤 해. 하지만 물리에서 말하는 운동의 의미는 우리가 흔히 말하는 운동의 의미와 조금 달라.

**물리에서의 운동이란 시간이 지남에 따라 물체의 위치가 변하는 현상**을 의미해. 여기서 중요한 점! 물리에서는 **가만히 있는 정지 상태도 운동**에 속해. 위치가 변하지 않는 운동에 속하는 거지.

## 물리에서는 위치를 어떻게 표현할까?

**위치란 물체가 공간 위에 놓여 있는 곳**을 말해. **물리에서는 보통 기준점을 정하고**, 기준점으로부터 물체가 얼마나 떨어져 있는지를 숫자로 표시해서 위치를 표현하지.

이때, 집이 기준점이라면, '학교의 위치는 기준점인 집으로부터 200미터 떨어져 있다'라고 표현해. 학교가 기준점일 때는 그 반대이지.

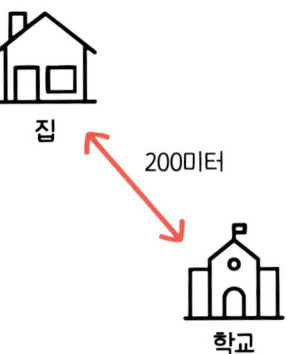

## 위치를 더 정확하게 나타내보자.

위치를 더 정확하게 나타내기 위해 과학자들은 흔히 좌표계라는 방법을 사용해. **좌표계란 공간 속의 위치를 숫자로 나타내는 방법이야.**

2차원 공간에서는 가로축(x축)과 세로축(y축)이 교차하는 원점을 기준으로 특정 위치가 얼만큼 떨어져 있는지를 (x,y)의 형태로 표기해.

3차원 공간에서의 위치는 여기에 높이축(z축)을 추가해서 (x,y,z)의 값으로 표현하지.

자연을 수학으로 표현하는 거야. 그러고 나면 우리는 자연 현상을 더욱 잘 이해할 수 있고 심지어 예측할 수도 있지.

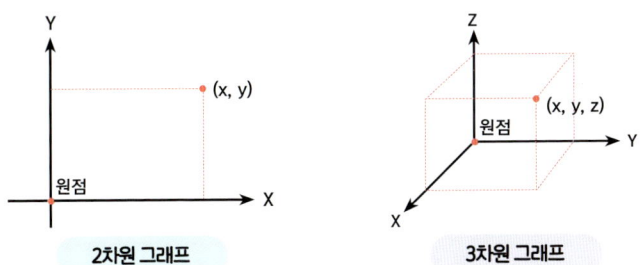

**오늘의 연구 결과**

## 운동이란 시간에 따라 물체의 위치가 변하는 현상!

 이번 운동회는 아무 사건 없이 무사히 지나갔으면 좋겠다!

# 2

# 열려라, 햇빛 초등학교 운동회!

하얀 장갑을 낀 마두식 회장과 햇빛 마을 관계자들이 함박웃음을 머금은 채 테이프를 잘랐다. 햇빛 공원 한쪽에 있던 낡은 놀이터가 마 회장이 이끄는 기업 에너지 킹의 후원으로 새롭게 탄생했다. 환경 운동가로 유명한 마 회장답게 놀이터에는 친환경 목재와 중금속이 없는 재료로 만든 미끄럼틀과 그네, 시소, 쳇바퀴 모양 놀이기구가 늘어서 있었다.

기자들은 주민들의 환호성을 받으며 차에 타는 마 회장의 모습을 끝까지 놓치지 않고 카메라에 담았다. 차 문이 닫히자마자 마 회장의 얼굴이 짜증스럽게 일그러졌다.

옆자리에 앉은 최고 비서 레드가 태블릿으로 동영상을 재생해 마 회장에게 들이밀었다.

"이것 좀 보시죠, 회장님. 자기 이데아 마꺼비를 포획했던 날의 시시티브이 영상입니다."

동영상 속에서 마 회장은 마꺼비가 담긴 이데아 캔을 들고 식물원을 개조한 기지를 나서고 있었다. 그리고 곧이어 방송팀의 눈부신 조명이 쏟아졌다.

레드는 동영상을 멈춘 뒤, 콧수염을 기른 남자를 가리켰다.

"그날 회장님을 찾아온 방송팀은 김상욱 박사 일당이 변장한 것으로 추정됩니다. 이 남자가 김상욱 박사고, 나머지 사람들은 또 만나 떡볶이를 들락대는 꼬맹이들입니다. 이 여자는 이데아 수호 협회의 요원이고요. 이데아 캔을 맡아 주겠다며 가져간 뒤에 가짜 이데아 캔으로 바꿔치기한 거죠."

마 회장의 어깨가 부들거렸다.

시간과 돈을 쏟아부어 만든 작전 기지에서 처음으로 간신히 포획한 자기 이데아 마꺼비! 하지만 얄미운 김상욱 박사는 아무런 노력도 없이 자신의 이데아 캔을 홀랑 가져가 버렸다.

마 회장의 쩌렁쩌렁한 목소리가 울려 퍼졌다. 지난 사건은 비서들을 탓할 수도 없는 일. 이데아 캔을 바보같이 빼앗긴 자신이 한심해 미칠 지경이었다. 동시에 김상욱 박사를 향한 질투와 분노는 더욱 커져만 갔다.

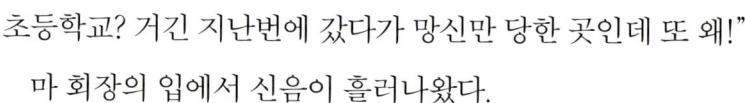

그때, 마 회장의 휴대폰이 울렸다. 마 회장은 여전히 불쾌한 표정으로 전화를 받았다.

"그래, 두영이냐? 뭐라고? 햇빛 초등학교? 거긴 지난번에 갔다가 망신만 당한 곳인데 또 왜!"

마 회장의 입에서 신음이 흘러나왔다.

"운동회가 언젠데! 알았어, 알았어. 가면 되잖아!"

마 회장이 전화를 끊자 블랙과 화이트가 앞다투어 물었다.

결국 마 회장은 분노를 참지 못했다.

"두영이는 내 여동생이야! 이번 주 금요일에 햇빛 초등학교에서 학부모 동반 운동회를 하는데, 나더러 자기 대신 가 달라잖아. 하나뿐인 조카라 거절할 수도 없고, 원."

비서들은 마 회장의 불룩한 배를 흘끔거렸다. 아무리 봐도 운동을 잘할 것 같은 몸매는 아닌데 운동회라니.

그때, 마 회장이 갑자기 웃음을 터뜨리는 바람에 비서들은 숨을 멈췄다.

"내가 워낙 유명하니까 가서 조카 기 좀 팍팍 세워 달라는 거 아니겠어? 회사로 가지 말고 백화점으로 가! 난 청팀이라 파란색 운동복을 입어야 한대."

운동회에서 가장 얄미운 사람을 만나게 된다면 마 회장은 어떤 표정을 지을까?

마 회장이 탄 자동차가 급하게 방향을 틀었다.

며칠 뒤, 운동회의 날이 밝았다. 김상욱 아저씨는 또만나 떡볶이 입구에 안내판을 붙이며 벨라 요원의 눈치를 살폈다. 매콤달콤 삼총사는 모두 백팀이었기에 김상욱 아저씨와 벨라 요원도 하얀색 운동복을 입고 있었다.

벨라 요원이 싸늘하게 말했다.

"지금 장난해요? 내가 운동회에 왜 가야 하는데요? 그리고 이 촌스러운 운동복은 또 뭐예요!"

"에이, 제 운동복을 사는 김에 벨라 요원님 것도 샀죠. 아이들의 도움이 없었으면 지금까지 이데아를 잡을 수 있었겠습니까? 오늘 하루만 고생해 주세요."

벨라 요원은 김상욱 아저씨의 싱글벙글한 얼굴을 보며 다시 미간을 찌푸렸다.

김상욱 아저씨가 환하게 웃으며 대답했다.

"가만히 생각해 보니 운동회는 다양한 물리 현상을 한눈에 볼 수 있는 곳이더라고요. 물리학자는 세상을 운동으로 이해하는 사람이잖아요?"

김상욱 아저씨와 벨라 요원은 점심 도시락이 든 가방을 멘 채 햇빛 초등학교 쪽으로 향했다. 따뜻한 햇볕이 두 사람의 정수리에 내리쬤다. 바람 한 점 불지 않는, 운동회를 하기에 딱 좋은 날씨였다.

벨라 요원이 말했다.

"아참, 그 말씀을 안 드렸네요. 이룩한 박사님이 납치되던 날, 또만나 떡볶이 건물 주변의 시시티브이 영상을 확보했습니다. 어두워서 정확하지는 않지만, 마 회장 옆에 늘 붙어 다니는 비서들과 닮은 인물들이 포착됐어요."

김상욱 아저씨가 사뭇 진지한 표정으로 대답했다.

"그럼…… 이룩한 박사님을 정말 마 회장이 납치했다는 겁니까? 어린이들에게 친환경 놀이터를 만들어 줬다고 뉴스에도 나오던데, 겉으로는 선량한 기업가 행세를 하면서 그런 짓을 하다니. 정말 화가 나네요."

"이룩한 박사님이 무사하기만을 바랄 뿐입니다. 자세한 얘기는 운동회가 끝나고 하시죠."

두 사람은 햇빛 초등학교에 도착했다. 오늘은 4학년이 운동회를 하는 날. 아이들은 반별로 운동장에 모여 있었다. 1반과 2반이 청팀, 3반과 4반이 백팀이었다. 학부모들도 각 팀의 천막 아래에서 설레는 마음으로 운동회가 시작하기를 기다렸다.

낯익은 얼굴을 발견한 매콤달콤 삼총사가 제자리에서 뛰어오르며 손을 흔들었다.

건우는 오늘도 챙겨온 하얀 슬라임을 주머니에서 꺼내 손바닥 위에 올렸다.

그 모습을 본 해나가 얼굴을 찡그렸다.

"그건 또 뭐 하러 가져왔냐? 내 옷에 묻히기만 해 봐."

"말했잖아. 슬라임을 만지면 마음에 평화가 온다고. 이따 달리기하기 전에도 주무를 거야."

곧이어 학부모들도 운동장에 모이라는 안내 방송이 울렸다. 모든 참가자가 운동장에 집합하자 보라색 양복에 알록달록한 가발을 쓴 사회자가 마이크를 잡았다.

"지금부터 제8회 햇빛 초등학교 운동회를 시작하겠습니다! 이번 운동회에는 아주 특별한 손님이 찾아오셨습니다. 우리들의 영웅, 에너지 킹의 마두식 회장님께서 조카를 위해 청팀에서 뛰어 주십니다!"

마두식 회장님을 박수로 맞이해 주십시오!

김상욱 아저씨의 심장이 바닥으로 떨어졌다.

여기에서 마 회장을 만날 줄이야. 과연 이데아 캔을 바꿔치기한 사람이 자신이라는 사실을 알고 있을까. 납치한 이룩한 박사를 괴롭혀 자신과 아이들에 대한 정보를 알아냈을지도 모른다.

사회자가 말을 이었다.

"마 회장님께서 승리 팀을 위해 엄청난 선물을 준비해 주셨습니다. 학생들에게는 최신 게임팩을, 학부모님들께는 에너지 킹에서 운영하는 주유소의 1년 치 무료 주유권을 드린다고 합니다!"

아이들이 우렁찬 함성을 질렀다. 주유권이라는 말에 학부모들의 눈빛도 투지로 불타올랐다.

그 순간, 마 회장과 김상욱 아저씨의 눈이 마주쳤다. 당황한 사람은 김상욱 아저씨만이 아니었다.

마 회장은 학부모들의 시선 때문에 입꼬리를 억지로 끌어올렸다.

김상욱 아저씨의 주먹에 힘이 들어갔다.

아저씨는 마 회장이 들으란 듯 큰 소리로 말했다. 그러자 마 회장도 지지 않고 외쳤다.

곧이어 경쾌한 음악 속에서 드디어 운동회의 막이 열렸다.

첫 번째 경기는 이어달리기.

마 회장의 조카가 있는 1반과 매콤달콤 삼총사가 있는 3반부터 경기를 치른다. 아이 셋과 어른 둘이 한 팀. 3반에서는 매콤달콤 삼총사와 김상욱 아저씨, 벨라 요원이 출전하기로 했다.

두 팀의 선수들은 트랙의 정해진 위치로 이동했다. 김상욱 아저씨와 맞붙을 상대는 하필이면 마 회장이었다.

첫 번째 주자는 건우와 마 회장의 조카 솔비.

두 아이는 각각 하얀색과 파란색 배턴을 들고 출발선에 섰다. 건우는 승리를 다짐하며 솔비를 곁눈질했다. 마 회장을 전혀 닮지 않은 길쭉하고 마른 몸에 다크서클이 유난히 진한 아이. 솔비의 음침한 웃음에 건우는 식겁하며 고개를 돌렸다.

양 팀의 뜨거운 응원 구호 속에서 심판의 신호가 떨어졌다. 건우는 게임팩을 차지하기 위해 발바닥에 불이 나도록 달렸지만, 긴 다리로 성큼성큼 달리는 솔비를 이길 수는 없었다.

백팀의 다음 주자는 해나. 해나는 건우에게 배턴을 넘겨받자마자 앞으로 쏜살같이 튀어 나갔다. 해나 덕분에 백팀과 청팀의 격차는 점점 좁혀졌다.

해나는 숨을 몰아쉬며 아이들 중의 마지막 주자인 태리에게 배턴을 넘겼다.

태리와 청팀 선수가 동시에 출발했다. 태리는 정해진 코스를 따라 똑바로 빠르게 달렸다. 청팀 선수 역시 달리기를 잘하는 아이였다. 그런데 이게 무슨 일일까? 청팀 선수는 너무 긴장한 탓인지 좌우로 휘청거리며 삐뚤빼뚤하게 달렸다. 결국 그 아이는 태리보다 많은 거리를 이동했지만, 태리와 선두를 아슬아슬하게 다투게 되었다.

멀리서 지켜보던 마 회장이 말했다.

"흥! 백팀 선수가 생각보다 속력이 빠르군!"

"아니요, 속력은 청팀 선수가 더 빨랐어요. 다만 정확한 방향으로 달리지 못했을 뿐이죠. 그래서 속력은 청팀 선수가, 속도는 두 팀의 선수가 비슷한 겁니다."

"속력과 속도가 뭐가 다른데! 알아듣게 말해!"

"속력과 속도는 둘 다 일정 시간 동안 물체가 얼마나 이동했는지를 뜻해요. 속력은 실제로 이동한 거리를 뜻하지만, 속도는 출발점으로부터 얼마만큼 떨어져 있는지를 말하죠. 그러니까 속력은 청팀 학생이 더 빠르지만, 두 학생의 속도는 결과적으로 같은 셈이에요."

에너지킹 회장이 이것도 몰라?

같은 시간 동안 출발점에서 떨어진 거리가 같으니 A와 B의 속도는 같아요.

하지만 같은 시간 동안 이동한 거리는 B가 더 기니까 속력은 B가 더 빠르다고 할 수 있죠.

마 회장은 전혀 알아듣지 못한 얼굴로 눈을 껌벅였다.

그때였다. 어느샌가 배턴을 넘겨 받은 벨라 요원과 청팀의 어른 선수가 김상욱 아저씨와 마 회장을 향해 달려오고 있었다.

벨라 요원이 외쳤다.

"뭐 하세요! 빨리 받아요!"

"네!"

김상욱 아저씨가 하얀색 배턴을 받아들었다. 간발의 차이로 마 회장도 출발했다. 사실 두 사람의 운동 신경은 거기서 거기였지만, 그나마 김상욱 아저씨가 좀 더 빨랐다.

이렇게 열심히 뛰어 본 지가 언제였는지 기억도 가물가물한 마 회장은 몇 발짝 달렸을 뿐인데도 심장이 터질 것만 같았다. 멀리서 들려오는 비서들의 응원 소리도 귀에 들어오지 않았.

김상욱 아저씨는 마 회장의 모습에 씩 웃으며 속도를 높였다.

마 회장은 그 얄미운 모습에 화가 치솟았지만 마음만 앞섰을 뿐, 금세 다리가 꼬여 나동그라지고 말았다.

마 회장은 주먹으로 운동장 바닥을 내리쳤다. 창피함과 분노로 눈물이 차올랐다. 한편, 슬라임은 앞선 주자였던 건우의 주머니에서 떨어진 뒤로 트랙 주변에 놓인 칼라콘에 붙어 있었다.

슬라임은 어리둥절한 얼굴로 마 회장을 쳐다봤다.

슬라임은 스르르 미끄러져 트랙으로 나아갔다. 그러고는 마 회장의 두툼한 종아리에 스며들었다.

그러자 알 수 없는 힘이 마 회장을 벌떡 일으켰다.

마 회장은 갑자기 엄청난 속도로 달리기 시작했다.

당황한 김상욱 아저씨도 온 힘을 쥐어 짜냈지만 마 회장은 김상욱 아저씨를 가뿐히 추월했다.

결국 마 회장이 먼저 결승선을 통과했다. 청팀 응원석에서 기쁨의 함성이 터져 나왔다. 김상욱 아저씨는 골인 지점을 지나자마자 다리에 힘이 풀려 주저앉았다. 이번에는 김상욱 아저씨의 눈에 눈물이 고일 차례였다.

백팀 선수들의 따가운 눈총 속에서 김상욱 아저씨의 절규가 운동장에 울려 퍼졌다.

## 2 속도와 속력은 엄연히 다른 것!

### 오늘의 연구 대상

청팀 학생이 삐뚤빼뚤 달렸는데도
똑바로 달린 태리와 별 차이가 나지 않아!

**둘 중에 누가 더 빠른 거지? 속력과 속도는 또 먼데?**

### 오늘의 일지

#### 빠르기를 나타내는 표현

운동장에서 달리기를 하거나 자전거를 타고 동네를 달릴 때, 얼마나 빠른지를 표현하기 위해 속력과 속도 중 어떤 단어를 사용하니? 우리는 흔히 속력과 속도를 구분하지 않고 같은 의미로 사용할 때가 많아. 하지만 **물리에서 속도와 속력은 서로 다른 의미**를 가지고 있단다. **속력은 빠르기만 알려주지만, 속도는 빠르기와 방향이 모두 포함된 표현**이야. 좀 더 자세히 알아보자.

물리에서는 표현 하나하나가 중요하다, 이 말씀!

## 속력과 속도, 무엇이 다를까?

- **속력** : 단위 시간 동안 움직인 거리
- **속도** : 단위 시간 동안 변한 위치(방향까지 포함)

두 개념의 차이를 예시를 들어 설명해 줄게.

① A와 B가 출발점에서 동시에 출발해 도착점에 같은 시간에 도착한 상황

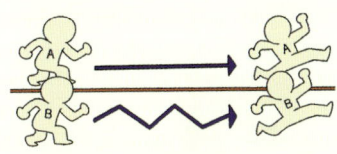

- **속력** : B가 A보다 빠르다.
  같은 시간 동안 먼 거리를 움직였기 때문
- **속도** : A와 B가 같다.
  같은 시간 동안 같은 지점에 도착했기 때문

② 반지름의 길이가 r인 원의 둘레를 따라 1초 만에 한 바퀴를 돈 상황

$\pi$(파이)는 원주율을 나타내는 기호야. 값은 약 3.14지.

- **C의 속력** : $2\pi r$/초
  1초 동안 원 둘레만큼 움직였기 때문
- **C의 속도** : 0/초
  위치의 변화가 없기 때문

## 우리 주변의 속력

사람이 시속 4킬로미터의 속력으로 걷는다면 1킬로미터의 거리를 걷는 데는 약 15분의 시간이 걸려. 이처럼 속력을 알면 우리는 자연을 수학적으로 계산할 수 있게 되지. 1시간(h) 동안 이동한 거리는 Km/h로 표기해. 이제 우리 주변의 다양한 속력을 알아보자.

사람 4Km/h    자동차 60Km/h    KTX 300Km/h    비행기 1,000Km/h

### 오늘의 연구 결과

**속력은 '빠르기', 속도는 '빠르기와 방향'이다.**

다음 경기에서는 마 회장을 꼭 이겨야 해!

# 3

# 하늘을 향해 던져라!

2반과 4반이 치른 두 번째 이어달리기 경기도 백팀의 패배로 끝났다. 백팀이 승리해 무승부가 됐다면 기회가 한 번 더 있었겠지만, 이어달리기 경기는 결국 청팀의 승리로 막을 내렸다.

진행 요원들이 다음 경기를 준비하는 동안, 마 회장의 조카 솔비가 친구들을 이끌고 3반 아이들을 보러 왔다.

솔비는 풀이 죽은 아이들을 보며 입꼬리를 올렸다.

김상욱 아저씨는 티격태격하는 아이들을 죄책감 가득한 슬픈 눈으로 바라봤다.

솔비와 친구들은 3반 아이들을 한참 더 놀리다가 자기 팀 쪽으로 발걸음을 옮겼다.

건우가 김상욱 아저씨를 보며 발을 굴렀다.
"아니, 어떻게 마두식 아저씨한테 질 수가 있어요? 아저씨가 훨씬 젊지 않아요?"

해나가 시큰둥하게 말했다.

"그건 그래요. 아저씨가 몸무게도 훨씬 가벼워 보이고, 심지어 먼저 출발하셨잖아요."

마 회장의 다리에 흡수됐던 슬라임은 어느새 건우의 주머니 속으로 돌아와 있었다. 슬라임은 주머니 밖으로 얼굴을 빼꼼 내민 채 아이들의 대화를 모두 듣고 있었다.

파란 옷을 입은 아이들은 왜 그랬을까.

표정과 말투로 보아 파란 옷을 입은 아이들이 하얀 옷을 입은 아이들을 놀리는 것 같았다. 시무룩한 얼굴로 어깨를 떨어뜨린 아이들을 보고 있자니 슬라임의 마음이 또다시 시큰거렸다.

짧은 휴식이 끝나고 두 번째 경기를 치를 시간이 다가오고 있었다. 이번에는 어린이 선수들만 치르는 경기였다.

사회자가 말했다.

"이번 경기는 '하늘 높이 슛'!

규칙은 간단합니다. 높이 달린 그물에 공을 던져서 더 많이 넣는 팀이 승리! 제한 시간은 단 5분! 1반부터 4반까지 모든 선수들이 함께 대결합니다. 어린이 선수들은 그물 쪽으로 모이세요!"

건우는 슬라임을 꺼내 김상욱 아저씨의 손에 쥐여 주었다.

"아저씨, 잃어버리면 안 되니까 이것 좀 보관해 주세요."

김상욱 아저씨는 질색하며 손가락 끝으로 건우가 내민 슬라임을 집어 들었다.

"끈적거려서 싫다니까! 너, 이거 손은 씻고 만들었어? 코딱지 넣은 건 아니지?"

"내가 만든 거 아니에요! 잠깐만 갖고 있으세요."

김상욱 아저씨는 찜찜한 얼굴로 슬라임을 주머니에 넣었다.

한편, 아이들은 파이팅을 외치며 두 개의 그물 주변에 모여 섰다. 바닥에는 알록달록한 공들이 수없이 깔려 있었다.

사회자가 외쳤다.

"현재 청팀과 백팀의 점수는 1 대 0! 과연 백팀이 이번 경기에서 청팀을 따라잡을 수 있을까요! 자, 준비하세요!"

학부모들의 응원 소리와 함께 아이들은 정신없이 허리를 굽혔다 펴며 높이 달린 그물을 향해 공을 던졌다. 운 좋게 그물 속으로 쏙 들어가는 공도 있었지만, 테두리에 맞고 튕겨 나가는 공이 더 많았다. 알록달록한 공들이 포물선을 그리며 하늘을 누비는 모습은 보기만 해도 감탄을 자아냈다.

흥겨운 음악 속에서 두 팀의 그물은 비슷한 속도로 채워져 갔다.

바닥에 깔려 있던 공의 수는 조금씩 줄어들었고, 멀리까지 굴러간 공을 잡으러 정신없이 뛰어가는 아이도 보였다.

김상욱 아저씨가 경기를 보느라 정신없는 사이, 슬라임은 아저씨의 주머니에서 폴짝 뛰어내렸다.

김상욱 아저씨가 벨라 요원에게 말했다.

"끝날 때까지 승부를 예측할 수 없겠는데요? 벨라 요원님, 제가 운동회는 수많은 물리 현상을 볼 수 있는 곳이라고 했죠? 저렇게 공을 던지면 어떤 일이 일어나는지 아세요?"

벨라 요원이 차갑게 대답했다.

"바닥에 떨어지겠죠."

"그렇죠! 하지만 왜 떨어질까요?"

"중력 때문이잖아요. 내가 그것도 모를까 봐요? 물리 얘기는 나중에 하고 응원이나 하세요."

김상욱 아저씨는 아랑곳하지 않고 계속해서 벨라 요원에게 물리 이야기를 이어갔다.

"하나만 더요. 공을 던지는 단순한 동작에서도 재미있는 물리 현상을 발견할 수 있어요. 공을 위로 던지면 올라가면서 속도가 줄어들고, 내려오면서 속도가 빨라져요. 이 모든 과정에서 가속도는 일정하죠. 이걸 뭐라고 하게요? 바로 '등가속도 운동'이라고 한다, 이 말씀!"

벨라 요원은 아무 대답도 하지 않았다. 그저 선글라스를 아래로 내리고 휘둥그레진 눈으로 청팀 그물을 바라보고 있을 뿐이었다.

"저기요, 요원님. 뭐 하세요? 제 말 들으셨어요?"

"지금 물리 얘기가 중요한 게 아니에요. 저기 좀 보세요. 쟤는 초능력자도 아닌데, 팔 힘이 왜 저렇게 세죠?"

벨라 요원이 가리킨 곳에서는 마 회장의 조카 솔비가 운동복 웃옷에 담은 공들을 놀라운 속도로 던지고 있었다.

문제는 공의 방향이 계속 그물 아래쪽을 향했다는 것. 그리고 그 힘이 어찌나 센지 솔비가 던진 공이 이미 그물 안에 들어 있던 공들을 모두 밖으로 튕겨낼 정도였다.

청팀 아이들이 화를 냈다.

"야, 뭐 해! 왜 거기로 던져!"

"너 헐크냐? 살살 좀 해!"

하지만 솔비는 다른 아이들의 목소리는 들리지 않는다는 듯이 웃으며 던지기만 했다.

"나도 몰라! 팔이 너무 간지러워서 정신이 없다고!"

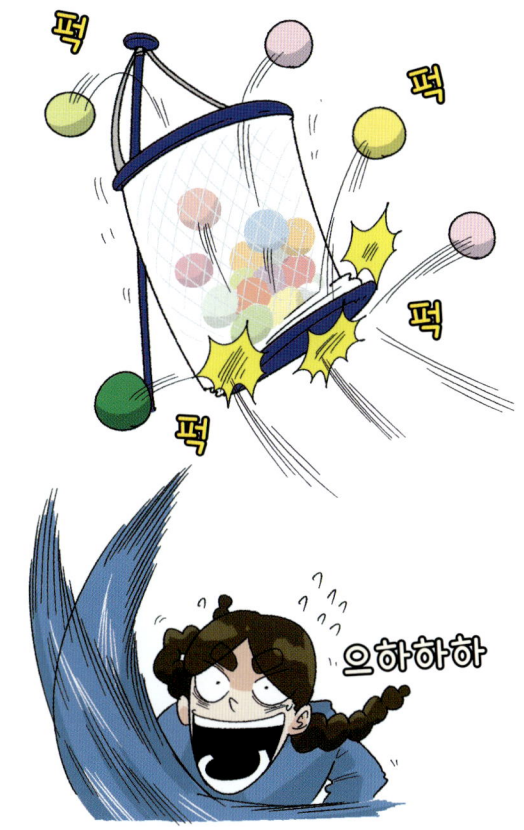

어느덧 경기 종료를 알리는 호루라기 소리가 허공을 갈랐다. 그물에 담긴 공의 숫자를 셀 필요는 없었다. 한눈에 보기에도 백팀 쪽 그물에 담긴 공이 많아 보였으니까.

사회자가 말했다.

"두 번째 경기는 백팀 승리! 드디어 동점입니다!"

점수판이 1 대 1로 바뀌었다. 이어달리기에서의 굴욕을 씻은 백팀 선수들은 기쁨의 비명을 지르며 자리에서 날뛰었다.

김상욱 아저씨는 날뛰는 심장 박동을 느끼며 간신히 표정을 진정시켰다. 곧이어 김상욱 아저씨와 벨라 요원의 시선이 마주쳤다.

"엄청난 속도를 발휘한 마 회장과 방금 벌어진 사건까지. 이 기묘한 일들이 다 우연일까요?"

"그뿐만이 아니에요. 건우 할머님이 에스컬레이터에서 백덤블링을 했던 일도 있었죠."

굳이 말하지 않아도 알 수 있었다.

두 사람은 지금 같은 생각을 하고 있다는 것을.

## 3 등속 운동 vs 등가속도 운동

**오늘의 연구 대상**

공을 그물 안에 넣는 '하늘 높이 슛' 게임에서도
운동 속도의 변화와 관련된 재미있는 현상을 발견할 수 있었어.

**운동을 운동 속도의 변화에 따라 분류해 보자!**

**오늘의 일지**

### 운동의 여러 가지 모습

지하철역에 있는 에스컬레이터는 똑같은 속도로 움직이고, 놀이공원의 롤러코스터는 내리막에서 점점 빨라져. 이처럼 물체마다 움직이는 모습은 제각각이야. 어떤 건 같은 속도로 꾸준히 움직이고, 어떤 건 시간이 지나면서 점점 빨라지거나 느려져. 물리에서는 이런 움직임을 등속 운동과 등가속도 운동이라 불러. 이 두 가지 운동의 특징을 살펴보자!

역시 운동회에서는 많은 운동을 관찰할 수 있어!

## 등속 운동은 일정하다!

**등속 운동이란 물체가 빠르기를 변함없이 유지하면서 움직이는 운동**을 말해. 즉, 일정 시간이 흐를 때 마다 똑같은 거리만큼 움직이지.

예를 들어, 시속 60킬로미터의 속력으로 등속 운동하는 물체는 시간당 60킬로미터씩 동일하게 계속 움직여.

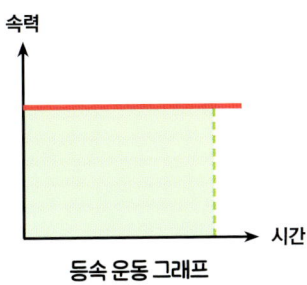
등속 운동 그래프

하지만 기억해야 할 점은 우리 주변에서 등속 운동을 관찰하기는 어렵다는 거야. 왜냐하면 일반적인 환경에서는 항상 운동을 방해하는 힘이 작용하기 때문이야. 그래서 보통 운동하던 물체는 결국 멈추게 되어 있어.

## 등가속도 운동은 점점 빨라진다!

**등가속도 운동이란 가속도의 크기와 방향이 일정한 운동**을 말해. 점점 빨라지는 운동과 점점 느려지는 운동을 모두 포함하지. 여기에서 **가속도란 시간에 따라 속도가 변하는 정도**를 뜻해.

등가속도 운동에서 한 가지 중요한 건 **가속도의 방향이 변하지 않는다**는 거야.

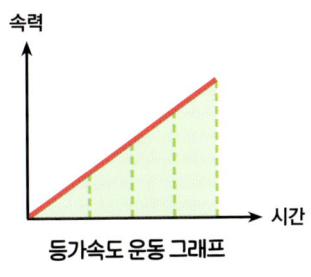
등가속도 운동 그래프

예를 들어, 공을 공중을 향해 수직으로 던지면 공은 방향을 바꾸지 않고 계속 위로 점점 느려지면서 올라가지. 그리고 다시 떨어질 때는 방향을 바꾸지 않고 점점 빨라지면서 아래로 떨어져. 올라갈 때나 내려갈 때 모두 중력이 일정한 크기와 방향으로 공을 아래로 끌어당기기 때문에, 공의 가속도가 일정한 거야.

> **오늘의 연구 결과**
>
> 등속 운동은 속력이 일정한 운동이고,
> 등가속도 운동은 속도가 일정한 비율로 변하는 운동이다.

 운동회에 이데아가 나타난 걸까…?

# 4

# 당기고, 당기고

김상욱 아저씨의 이야기를 들은 아이들은 질문을 쏟아내느라 바빴다.

"우리 학교에 이데아가 나타난 거예요?"

"그럼 무슨 이데아예요?"

"속력 이데아? 아니면 달리기가 빨라졌으니까 달리기 이데아예요? 공을 세게 던졌으니까 힘 이데아인가요?"

김상욱 아저씨가 말했다.

"아직은 확실하지 않아. 일단 지금부터 주변을 유심히 관찰하자. 이데아 캔을 가져오긴 했지만 사람이 너무 많아서 이데아가 나타난다고 해도 걱정이야."

건우가 말했다.

"이데아만 신경 쓰지 마시고 운동회에도 집중해 주세요. 동점이니까 다음 경기는 우리가 무조건 이겨야 한다고요."

세 번째 경기는 운동회의 꽃인 줄다리기.

첫 번째 경기는 학부모들이, 두 번째 경기는 아이들이 치를 예정이었다. 두 팀의 학부모들은 운동장에 놓인 두툼한 밧줄 쪽으로 긴장된 발걸음을 옮겼다.

청팀에는 백팀보다 덩치가 큰 학부모들이 많았다. 그 모습을 본 백팀 학부모들은 벌써 패배하기라도 한 것처럼 기운 없는 얼굴이 되었다.

찌릿
흡
아얏!
팍
그렇게 허약해서 밧줄이나 제대로 잡겠어? 괜히 다치지 말고, 앉아서 구경이나 하지 그래?
실실
하, 그건 웬만하면 안 꺼내려고 했는데.
빠득

김상욱 아저씨는 가방에서 목장갑 뭉치를 꺼내 벨라 요원에게 건넸다.

"백팀 선수들에게 하나씩 나눠 주시겠어요?"

그러고는 백팀을 향해 외쳤다.

"자, 여러분! 주눅 들지 마세요! 줄다리기는 힘이 세다고 이기는 게임이 아닙니다! 밧줄과 손 사이의 마찰력을 높여야 해요. 일단 나눠 드린 목장갑을 끼세요!"

두고 보자…

아니, 저건 반칙이죠!

당신들만 목장갑을 끼는 게 어딨어요?

목장갑을 끼면 안 된다는 규칙이라도 있나요? 준비성이 없는 그쪽 팀을 탓하시던가.

마 회장이 껄껄 웃으며 청팀 학부모들을 말렸다.

"자자, 그냥 끼라고 하세요. 딱 봐도 우리 팀이 더 세 보이는데 저쪽은 장갑이라도 껴야죠. 우리가 좀 봐줍시다!"

그럴까요?

역시 회장님은 너그러우세요.

김상욱 아저씨는 코웃음을 치며 백팀 학부모들을 불러 모았다.

"몸무게가 많이 나가는 분들은 뒤쪽에 서세요. 뒤쪽에 무게 중심이 있어야 균형을 유지하기가 쉽습니다. 그리고 심판이 호루라기를 불자마자 몸을 뒤로 젖히세요. 힘의 방향을 뒤쪽으로 모아야 쉽게 끌려가지 않습니다."

몸을 뒤로!

슈웅

포기하지 않고 최선을 다하면 승리할 수 있어요. 다 같이 파이팅 한번 하죠!

이제 정말 한 팀 같네.

어느새 똘똘 뭉친 백팀과 달리, 청팀 학부모들은 청팀이 질 리가 없다는 자신감만 가득한 채 제멋대로 섞여 있었다.

어른들을 응원하는 아이들의 함성이 귀를 찢을 듯 울려 퍼졌다.

슬라임은 김상욱 아저씨의 주머니 밖으로 얼굴을 내민 채 점수판을 바라봤다. 이번에는 하얀 옷을 입은 사람들이 이길까, 파란 옷을 입은 사람들이 이길까. 그런데 안경을 낀 이 아저씨는 물리에 대해 뭘 좀 아는 것 같다.

각 팀 선수들은 바닥에 있던 밧줄을 집어 들었다. 밧줄 한가운데에는 빨간 리본이 묶여 있었다.

김상욱 아저씨의 앞에 있던 건우 할머니가 고개를 돌렸다.

"자네, 과학에 밝다는 얘기는 들었네만 아는 게 진짜 많구먼. 줄다리기는 무조건 세게 잡아 당기면 끝인 줄 알았지 뭔가. 이기면 다 자네 덕분이겠어."

처음 듣는 건우 할머니의 칭찬에 김상욱 아저씨의 어깨는 하늘로 솟았다.

"다른 물리에 대해서도 알려 드릴까요? 저기 앞쪽을 보시면 빨간 리본이 가만히 정지해 있죠? 왜 그럴까요?"

할머니는 당연하다는 듯이 대답했다.

"왜긴. 저쪽에서도 당기고, 우리 쪽에서도 당기고 있잖아."

"그렇죠! 물체에 작용하는 힘의 합이 0이면 운동의 상태는 계속 유지됩니다. 정지해 있던  물체는 계속 정지해 있고, 운동하던 물체는 계속 운동하는 거죠. 이걸 바로 '관성'이라고 합니다."

하지만 눈치 없이 계속되는 김상욱 아저씨의 지루한 물리 이야기에 건우 할머니는 십 년은 더 늙은 듯한 얼굴로 다시 고개를 돌릴 뿐이었다.

마침 사회자의 목소리가 들렸다.

"자, 부모님들! 현재 점수는 동점입니다. 게임팩과 주유권은 과연 어떤 팀이 가져갈까요! 아이들이 지켜보고 있습니다! 멋진 모습을 보여 주실 준비 되셨나요? 이제 경기를 시작하겠습니다!"

심판의 호루라기 소리와 함께 김상욱 아저씨가 외쳤다.
"몸을 뒤로 젖혀요!"

영차, 영차 소리와 함께 팽팽한 대결이 벌어졌다.

힘은 청팀 선수들이 훨씬 셌지만, 김상욱 아저씨의 전략 덕분에 백팀도 쉽게 끌려가지 않았다. 가운데 달린 빨간 리본은 이쪽저쪽으로 바쁘게 움직였다.

그때였다. 청팀 쪽에 회사에서 급하게 오느라 미처 운동화로 갈아신지 못한 아저씨가 있었다. 아저씨는 미끄러지지 않으려고 최선을 다했지만 결국 버티지 못하고 미끄러져 엉덩방아를 찧었다.

아저씨의 발이 앞사람의 다리를 차면서 앞사람도 넘어졌다. 그러자 아저씨의 뒤에 있던 사람도 덩달아 휘청거렸고, 곧이어 청팀 선수들이 줄줄이 균형을 잃으며 밧줄에 매달린 빨간 리본은 백팀 쪽으로 이동하기 시작했다.

김상욱 아저씨는 구두 신은 아저씨를 바라보며 말을 이었다.

"저분이 미끄러운 구두를 신고 온 것도 우리 팀 승리에 한몫했다고 봐야겠다. 미끄러운 구두보다는 축구화처럼 밑창이 거칠수록 마찰력이 커져서 더 잘 버틸 수 있으니까."

구두를 신었다가 넘어진 아저씨는 연신 고개를 숙이며 사과했다.

　건우는 김상욱 아저씨의 주머니에서 슬라임을 꺼냈다. 그러고는 슬라임을 공중으로 던졌다가 다시 받으며 말했다.

　"청팀이 얄미워서 이데아가 확 밀어 버렸을 수도 있지!"

　김상욱 아저씨는 주변을 유심히 둘러봤지만, 수상한 생명체는 그 어디에서도 보이지 않았다.

　이데아가 정말로 여기 있다면, 과연 어디에 숨었을까.

사회자의 목소리가 들려왔다.

"두 번째 줄다리기는 어린이들이 참여합니다. 선수들은 줄 쪽으로 모이세요!"

문득 혼란스러운 마음이 밀려왔다. 혹시 이데아가 나타났다는 건 자신의 착각이었을까. 마 회장은 원래 달리기를 잘하는지도 모른다. 마 회장의 조카도 팔 힘이 유난히 좋은 아이일 수도 있다. 게다가 줄다리기 경기에서는 이데아가 참견한 것으로 보이는 일은 전혀 없었다.

아이들이 김상욱 아저씨에게 손을 흔들며 밧줄 쪽으로 뛰어갔다.
"아저씨, 이기고 올게요!"
"응원해 주세요!"
"그래! 백팀, 가즈아!"

김상욱 아저씨는 온 힘을 그러모아 파이팅을 외쳤다. 그렇게 찾고 싶은 의문의 이데아가 자신의 주머니에 들어 있는 줄은 꿈에도 모른 채.

## 4 멈춰라! 계속 움직여라!

오늘의 연구 대상

미끄러진 청팀 아저씨 덕분에 줄다리기에서 이겼어!
청팀이 우르르 넘어지는 순간 힘을 줘서 이긴 거지!

그런데 아저씨가 미끄러진 것이 백팀이 이긴 것과 무슨 상관이 있을까?

오늘의 일지

### 움직임이 멈추거나 계속되거나!

운동장에서 공을 차면 굴러가던 공은 결국 멈추게 되어 있어. 그리고 타고 가던 버스가 갑자기 멈추면 몸이 앞으로 쏠리지. 왜 이런 일들이 일어나는 걸까?

**움직이던 공이 멈추는 건 '마찰력' 때문이고, 몸이 앞으로 튀어 나가는 건 '관성' 때문**이야. 지금부터 운동을 방해하는 마찰력과 운동을 계속하려는 관성에 대해 알아보자.

물리를 사랑하는 내 마음에도 관성이 작용해!

## 운동을 방해하는 힘, 마찰력!

**마찰력은 움직이려는 물체의 움직임을 방해하는 힘**이야. 굴러가던 공이 점점 느려지다가 멈추는 이유는 바로 바닥과 공 사이에 마찰력이 작용하기 때문이야.

하지만 마찰력이 항상 바닥과 물체 사이에서만 작용하는 것은 아니야. 공기처럼 눈에 보이지 않는 것도 마찰을 일으킬 수 있어. 그래서 공중을 날아가던 야구공이 바닥과 닿지 않았는데도 결국 멈추는 거지.

## 운동을 유지하려는 성질, 관성!

**관성이란 물체가 자기의 운동 상태를 유지하려는 성질**이야. 즉, 가만히 있던 물체는 계속 가만히 있으려고 하고, 움직이던 물체는 계속 같은 방향과 같은 속도로 움직이려고 하지.

**무거운 물체일수록 관성이 더 강해.** 그래서 가벼운 탁구공을 멈추는 데는 큰 힘이 들지 않지만, 무거운 볼링공의 움직임을 멈추는 데는 더 큰 힘이 필요하지.

### 오늘의 연구 결과

**마찰력은 움직임을 멈추게 하는 힘!**
**관성은 물체가 원래 상태를 유지하려는 성질!**

이데아가 나타난 게 아닌가? 헷갈린다!

# 5

# 확실해진 의심

"어린이 선수들이 치른 줄다리기 두 번째 경기도 백팀 승리! 현재 점수는 청팀과 백팀 1 대 2! 청팀 선수들은 분발하셔야겠는데요? 운동장 정리 관계로 다음 경기는 체육관에서 진행하겠습니다!"

아이들이 환호성을 지르며 김상욱 아저씨에게 달려왔다. 아저씨는 마 회장의 이글거리는 눈빛은 애써 못 본 척하며 아이들의 등을 두들겨 주었다.

곧이어 모두 진행 요원의 안내에 따라 체육관으로 이동했다.

태리가 입맛을 다시며 말했다.
"나도 배고프다. 빨리 밥 먹고 싶어. 그래도 이번 경기만 마치면 점심시간이야. 빨리 이기고 맛있게 점심 먹자! 점심시간 뒤에는 한 경기만 더 하면 끝!"

김상욱 아저씨가 물었다.
"이번에는 또 무슨 경기니?"
때마침 진행 요원들이 어른 키만 한 공들을 굴리며 가져왔다.

해나가 말했다.

"큰 공 굴리기요. 저기 있는 빨간색 고깔 보이시죠? 어른이랑 아이랑 둘씩 짝을 지은 다음, 공을 굴려서 고깔을 돈 뒤에 출발선으로 돌아오면 돼요. 빨리 도착하는 팀이 이기는 거고요."

"모두 '탄성력' 덕분이야. 너도 '탄성'이라는 말을 한 번쯤 들어 봤을 거야. 물체가 변형되면 원래 상태로 되돌아오려고 하는데, 그 힘을 바로 '탄성력'이라고 부르지."

김상욱 아저씨가 건우의 큼직한 머리를 양손으로 눌렀다.

"정지한 것처럼 보이는 물체도 사실은 탄성력 때문에 미세하게 움직이고 있을 수 있어. 네 단단한 머리도 아무 변화가 없는 것 같지만, 현미경으로 보면 원래대로 돌아오며 떨리고 있지."

"아프니까 손 좀 치워 주실래요? 물리 얘기는 됐고요. 줄다리기 때처럼 이번 경기에서 이길 수 있는 비법 없어요? 게임팩 꼭 받아야 한다고요!"

한편, 마 회장은 활활 타오르는 눈으로 점수판을 노려봤다. 이제 남은 경기는 두 개뿐. 이번에 무조건 동점을 만들어야 한다.

그때, 마 회장의 귀가 별안간 쫑긋 솟았다. 마 회장은 청팀 학부모들이 속닥거리는 소리에 귀를 기울였다.

"목장갑을 못 끼게 할 걸 그랬어. 하, 내 주유권."

"내 말이! 괜히 마 회장님 말을 들었잖아!"

마 회장의 널따란 콧구멍에서 뜨거운 김이 솟구쳤다. 지금까지 아이디어를 빼앗긴 것도 억울한데, 이번에도 진다면 얄미운 김상욱 박사는 더 잘난 척을 할 것이다.

생각에 잠겨 있던 화이트의 눈이 반짝였다. 화이트는 블랙을 잡아끌고 체육관을 빠져나갔다.

잠시 뒤, 두 비서는 커다란 식용유통을 가지고 돌아왔다. 그들은 진행 요원이 다른 곳을 보는 틈을 타 초록색 공 여기저기에 식용유를 쏟았다.

화이트가 말했다.

"김상욱 박사도 줄다리기를 할 때 마찰력을 높인다고 목장갑을 꼈잖아."

과연 그럴까.

물은 이미 엎질러졌다. 초록색 공과 분홍색 공 앞에 양 팀 선수들이 두 명씩 줄을 서기 시작했다.

비서들이 벌인 짓은 꿈에도 모른 채 마 회장은 김상욱 아저씨에게 다가갔다. 그러고는 복화술을 하듯 입술을 달싹이며 나직히 말했다.

곧이어 첫 번째 주자로 청팀에서는 마 회장과 솔비가, 백팀에서는 해나와 벨라 요원이 출발선 앞에 섰다.

사회자의 목소리가 들려왔다.

"많이 기다리셨죠? 이제 세 번째 경기를 시작하겠습니다. 청팀은 이번 경기에서 무조건 점수를 획득하셔야 합니다. 자, 첫 번째 선수들 준비하세요!"

호루라기 소리와 함께 선수들은 두 팔로 공을 힘차게 밀었다.

경기는 생각보다 쉽지 않았다. 공을 너무 세게 밀면 멀리 굴러가서 경로를 벗어났다. 두 사람이 양쪽에서 적당한 힘으로 밀며 달려야 했다. 그래도 해나와 벨라 요원은 금세 호흡을 맞춰 공을 차근차근 앞으로 밀고 나갔다.

문제는 마 회장의 팀이었다.

마 회장의 조카 솔비는 시작부터 번들거리는 기름이 손에 묻자 얼굴이 일그러졌다. 게다가 손이 공에서 번번이 미끄러지는 바람에 공의 방향을 조절하기가 더더욱 어려웠다.

안 그래도 미끄러운 나무 바닥에 공이 지나간 길은 기름으로 번질거렸다. 마 회장과 솔비는 넘어질 뻔한 위기를 몇 번이나 넘기고 나서야 간신히 반환점을 돌 수 있었다.

벨라 요원과 해나는 청팀보다 훨씬 먼저 출발점으로 돌아왔다. 마 회장과 솔비는 숨을 헐떡이며 뒤늦게 도착했다.

청팀의 공을 유심히 바라보던 김상욱 아저씨가 마 회장에게 물었다.

김상욱 아저씨가 대답했다.

"이론적으로는 그럴 수 있죠. 하지만 마찰력이 너무 줄어들면 오히려 방향 조절이 힘들어져서 공이 엉뚱한 곳으로 굴러갈 수도 있다고요. 적당한 마찰력이 있어야죠."

멀리서 요란한 소리가 들렸다. 청팀 선수들이 기름 때문에 엉망이 된 바닥에 연달아 엉덩방아를 찧고 있었다. 그 모습을 지켜보던 청팀 아이들 중 몇몇이 서러운 울음을 터뜨렸다.

　마 회장이 진땀을 흘리며 조카를 달래는 동안, 슬라임이 김상욱 아저씨의 주머니 속에서 얼굴을 내밀었다.

　슬라임은 울고 있는 아이들을 보자 마음이 또 약해졌는지 몰캉거리는 팔을 들어 자신의 머리를 짓눌렀다.

슬라임은 혼란스러운 얼굴로 숫자가 적힌 판을 바라봤다.

파란 옷을 입은 사람들을 도와주면 같은 숫자가 될 테니 아이들이 울음을 그칠 것이다. 하지만 이번이 마지막이다. 다음에는 절대로 끼어들지 않을 것이다.

그때, 돌아오는 앞선 주자를 발견한 태리가 김상욱 아저씨의 팔을 잡아끌었다.

백팀 선수들이 공을 밀며 돌아오자 김상욱 아저씨와 태리가 함께 출발했다. 이미 청팀과의 격차는 꽤 벌어져 있었다.

두 사람이 미는 공은 반환점을 부드럽게 돌았다.
그때였다. 아저씨의 주머니에서 빠져나온 슬라임이 공 위로 폴짝 뛰어올랐다. 슬라임과 두 사람의 눈이 딱 마주쳤다.

슬라임은 아저씨를 보며 미소 짓더니 공으로 스르르 흡수됐다. 공에서 전해지는 진동이 김상욱 아저씨와 태리의 손바닥에 느껴졌다. 두 사람은 할 말을 잃은 채 눈만 껌벅였다.

멀리서 건우 목소리가 들렸다.

"뭐 해요, 아저씨! 빨리 돌아와요!"

김상욱 아저씨가 말했다.

"태리야, 일단 돌아가자."

"네, 근데 공이 왜 이러죠?"

두 사람은 공을 밀고 또 밀었다. 하지만 아무리 힘을 줘도 공은 바닥에 붙어 버리기라도 한 듯 꼼짝도 하지 않았다.

달아오른 김상욱 아저씨의 얼굴에서 땀이 뚝뚝 떨어졌다.

김상욱 아저씨와 태리는 팔이 부들거릴 정도로 공을 밀었지만, 공은 여전히 움직이지 않았다. 그동안 청팀은 활기를 되찾았다. 진행 요원들이 바닥을 대걸레로 닦아냈고, 청팀 선수들은 백팀과의 격차를 좁히기 위해 쏜살같이 움직였다.

다음 차례를 기다리던 건우와 건우 할머니가 참다못해 달려왔다.
"이봐! 자네 뭐 하나!"
"둘 다 왜 그래요, 진짜!"

청팀 선수들이 기다렸다는 듯이 아우성쳤다.

"저건 반칙이죠!"

결국 심판의 호루라기 소리가 다시 한 번 울려 퍼졌다.

사회자가 외쳤다.

"백팀 반칙! 이번 경기는 청팀 승리!"

결국 점수판 숫자가 '2 대 2'로 바뀌었다. 허망한 표정으로 바닥에 주저앉은 백팀 선수들과 달리 청팀 선수들은 허공으로 뛰어오르며 기쁨의 비명을 내질렀다.

벨라 요원이 심판에게 달려가 항의했다.

"누구 마음대로 청팀 승리예요? 공에 문제가 있었다고요! 심판이 밀어 보세요!"

심판은 할 수 없다는 듯 공 쪽으로 걸어갔다. 하지만 슬라임이 빠져나간 공은 심판이 건드리자마자 데굴데굴 굴러갈 뿐이었다.

"뭐가 문제라는 거예요? 패배를 깨끗이 받아들이세요. 애들이 뭘 배우겠습니까?"

"으아아악! 짜증 나!"

벨라 요원이 머리를 쥐어뜯었다.

김상욱 아저씨가 벨라 요원의 팔을 잡았다.

"저랑 얘기 좀 하시죠. 얘들아, 너희도 따라와."

## 5 다시 제자리로 돌아가자!

### 오늘의 연구 대상

큰 공 굴리기에 사용되는 공을 누르고 손을 떼니 잠깐 들어갔다가 다시 원래 크기대로 돌아왔어! **공이 원래대로 돌아오는 마법의 비밀을 밝혀보자!**

### 오늘의 일지

#### 다시 돌아가려는 힘?

고무줄을 쭉 잡아당겼다가 놓으면 어떻게 될까? 길어졌던 고무줄이 순식간에 '퉁'하고 원래 길이로 돌아오지.

스프링도 마찬가지야. 꾹 눌렀다가 손을 떼면 바로 '팽'하고 원래 모양으로 튀어 올라. 이처럼 **물체에는 모양이 변하면 다시 원래 모습으로 돌아가려는 힘이 있어. 이 힘을 '탄성력'**이라고 해.

지금부터 탄성력에 대해 자세히 알아보자.

## 탄성력이란 무엇일까?

**탄성력은 물체가 변형됐을 때, 원래 모양으로 돌아가려는 힘**이야.

**물체를 변형시킨 정도가 클수록 탄성력도 커져.** 예를 들어, 고무줄을 살짝만 당기면 약한 힘으로도 원래대로 돌아가지만, 길게 잡아길수록 훨씬 더 강한 힘으로 돌아가려고 하지. 하지만 변형되는 대로 무한정 되돌아갈 수 있는 건 아냐.

고무줄을 너무 세게 잡아당기면 끊어지고, 스프링을 너무 세게 누르면 망가져 버리지. 이렇게 **다시 돌아오지 못하는 지점을 탄성 한계**라고 해.

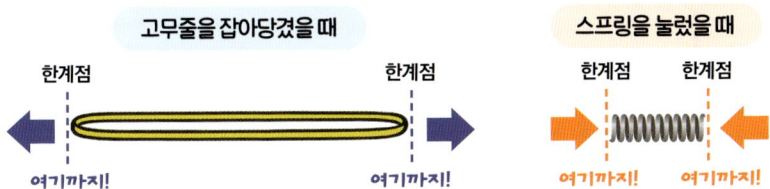

## 생활 속 탄성력

탄성력은 놀이기구, 생활용품, 스포츠 장비 등 다양한 곳에서 활용되고 있어. 심지어 건물의 내진 설계에도 활용돼. 지진이 왔을 때, 충격을 흡수하고 다시 제자리로 돌아갈 수 있도록 도와주는 거야.

볼펜

버튼을 누르면 스프링이 눌렸다가, 손을 떼면 심이 제자리로 돌아와.

라켓

공을 맞는 순간 줄이 살짝 늘어나면서 공의 충격을 흡수하고, 원래 상태로 되돌아가면서 공을 튕겨 보내.

**오늘의 연구 결과**

## 탄성력은 원래 모양으로 돌아가려는 힘!

역시 이데아가 있던 게 맞았어. 이제 어쩌지?

# 6

# 영원한 적은 없다

다들 점심을 먹으러 운동장으로 향할 때, 김상욱 아저씨와 벨라 요원, 매콤달콤 삼총사는 체육관 구석에 모였다. 아저씨가 가방에서 이데아 도감을 꺼내자 아이들은 원하는 정보를 찾아 페이지를 넘겼다.

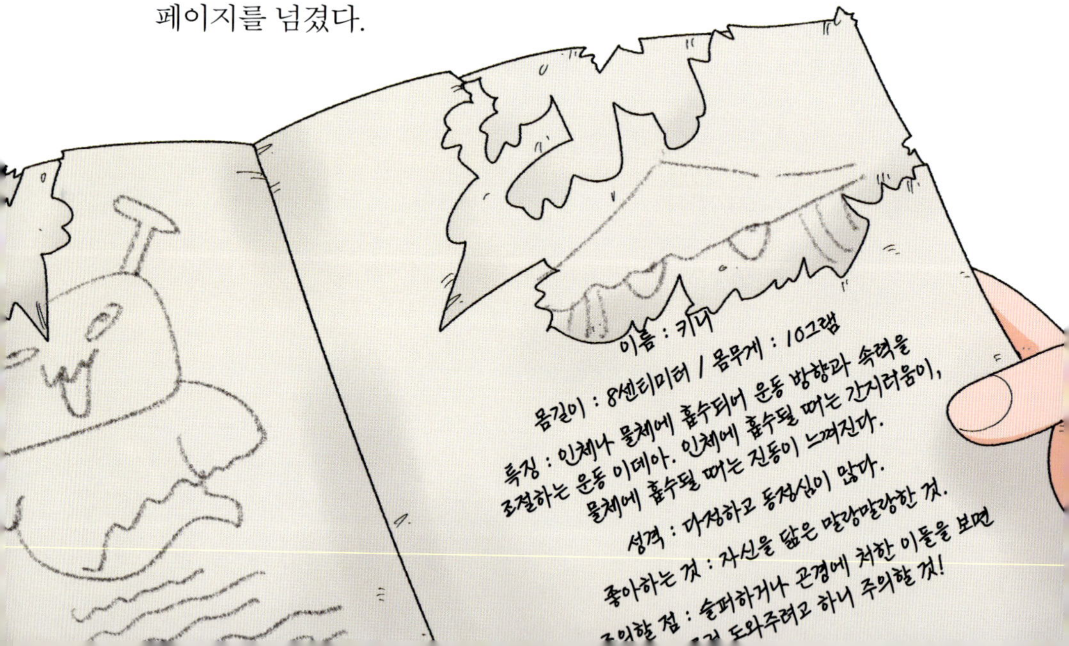

이름 : 키디
몸길이 : 8센티미터 / 몸무게 : 10그램
특징 : 인체나 물체에 흡수되어 운동 방향과 속력을 조절하는 운동 이데아. 인체에 흡수될 때는 간지러움이, 물체에 흡수될 때는 진동이 느껴진다.
성격 : 다정하고 동정심이 많다.
좋아하는 것 : 자신을 닮은 말랑말랑한 것.
주의할 점 : 숨피하거나 곤경에 처한 이들을 보면 도와주려고 하니 주의할 것!

태리가 한숨을 쉬었다.

"그림 부분이 찢어져 있었어요. 생김새를 알았더라면 그 슬라임이 이데아라는 걸 금방 알아차렸을 텐데. 지금까지 이데아 도감을 수없이 들여다봤잖아요."

건우가 외쳤다.

"진짜 내가 슬라임 카페에서 가져온 게 이데아였단 말이야? 운동회에서도 아저씨랑 번갈아 가며 이데아를 가지고 있었고?"

아이들의 시선이 김상욱 아저씨에게 쏠렸다. 아저씨는 몸을 휘청거리더니 결국 바닥에 주저앉았다. 아저씨의 눈에는 안타까움의 눈물이 고여 있었다.

끈적인다고 질색했던 슬라임이 이데아였다니!

지금껏 이데아들을 잡기 위해 얼마나 많은 고생을 했던가. 이번에는 슬라임을 손에 쥔 채 이데아 캔을 들이대기만 해도 쉽게 포획할 수 있었을 것이다.

벨라 요원이 말했다.

"운동 이데아라니. 이제서야 지금까지 있었던 일이 이해가 되네. 에스컬레이터에서 고꾸라질 뻔했던 건우 할머니는 백덤블링을 하셨지. 키니가 직선 운동을 곡선 운동으로 바꿔 준 거야. 바닥에서 꼼짝도 안 하던 큰 공도 키니가 마찰력을 조절한 거고."

해나가 말했다.

"마두식 아저씨의 다리와 솔비의 팔에도 키니가 흡수됐었나 봐요. 다리와 팔의 속력을 조절한 거죠."

태리가 말했다.

"이번 운동회는 무효예요! 키니가 청팀과 백팀을 번갈아 도와주는 바람에 엉망이 됐다고요."

벨라 요원이 말했다.

"빨리 잡지 않으면 햇빛 마을에 더 큰 소동이 벌어질 거야. 그런데 그 슬라임은 또 어디로 간 거야? 박사님, 그만 우시고 주머니 좀 뒤져 보세요."

김상욱 아저씨는 콧물을 훌쩍이며 주머니를 뒤졌지만 키니가 돌아왔을 리 없었다.

해나가 말했다.

"공에 흡수되는 장면을 태리랑 아저씨가 봤다면서요. 정체를 들켰으니 제 발로 다시 나타나지는 않을 거예요."

김상욱 아저씨는 한숨을 내쉬며 텅 빈 체육관을 둘러봤다. 마지막 경기는 운동장에서 벌어질 예정이니 체육관 실내로 키니를 유인하는 수밖에 없다. 무슨 좋은 방법이 없을까.

김상욱 아저씨와 아이들은 이데아 도감에 실린 정보를 읽고 또 읽으며 머리를 굴렸다.

이런 상황에서도 건우의 뱃속은 지진이라도 일어난 듯 요동치고 있었다. 할머니가 싸 온 푸짐한 도시락은 언제 먹을 수 있을까. 빨리 아이디어를 내야 밥을 먹을 수 있다.

"며칠 전에 시간에 따라 위치가 바뀌지 않는 운동도 있다고 아저씨가 그러셨잖아요. 그렇다면 아무리 움직여도 위치가 변하지 않는 장치로 키니를 유인하면 어떨까요? 그런 장치를 보면 분명히 신기해하면서 구경할 텐데, 그때 이데아 캔으로 잡는 거죠!"

김상욱 아저씨는 체육관에 걸린 시계를 초조하게 바라봤다.

아이들과 이야기하는 사이 시계는 벌써 열두 시 십오 분을 가리키고 있었다. 점심시간이 끝나고 다음 경기가 시작되기까지 한 시간도 채 남지 않았다. 서두르지 않으면 키니를 잡을 수 있는 기회가 영영 사라질지도 모른다.

김상욱 아저씨가 중얼거렸다.

"햄스터 쳇바퀴는 너무 작고, 러닝머신 한 대로는 키니의 눈길을 끌기 힘들 거야. 벨라 요원님, 혹시 러닝머신 여러 대를 이십 분 안에 체육관 안에 설치할 수 있을까요? 될 수 있는 한 빨리요."

그때, 김상욱 아저씨의 머릿속에 누군가의 얼굴이 떠올랐다.

건우의 아이디어를 들었을 때부터 생각났던 그 사람. 이번 포획 작전을 실현시킬 수 있는 유일한 사람.

김상욱 아저씨는 결심한 듯 주먹을 불끈 쥐었다.

김상욱 아저씨와 벨라 요원, 아이들은 체육관 밖으로 나갔다.
모든 아이들이 가족들과 함께 돗자리를 펼치고 집에서 싸 온 도시락을 맛있게 먹고 있었다.

곧이어 김상욱 아저씨와 벨라 요원은 청팀 선수들이 모인 쪽으로 향했다.

과연 이 방법뿐일까. 마 회장은 이룩한 박사를 납치했을 가능성이 높은 데다가 앞으로 나타날 이데아도 노리고 있을 것이다.

하지만 이번만큼은 그의 힘이 필요하다.

마 회장은 비서들이 준비한 호화로운 도시락을 먹느라 안 그래도 투실투실한 두 뺨이 터질 것만 같았다.

"마 회장님, 운동회에 먹으러 오셨어요?"
"뭐? 갑자기 와서 왜 시비야!"
"중요한 얘기니까 따라오세요."

김상욱 아저씨는 마 회장을 운동장 구석으로 데려갔다. 벨라 요원과 마 회장의 비서들은 두 사람 근처에서 서로를 싸늘하게 노려보며 기싸움을 벌였다.

김상욱 아저씨는 지금까지 벌어진 일을 마 회장에게 들려주었다. 이데아가 나타났다는 말에 마 회장은 내심 놀랐지만, 의심 가득한 눈빛으로 김상욱 아저씨를 바라봤다.

"아까는 떡볶이집 사장이라며 시치미를 떼더니. 이봐, 김상욱 박사. 도대체 무슨 수작이야!"

"그쪽도 이데아를 노리고 있다는 거 압니다. 로켓 발사 때문인지, 아니면 다른 목적이 있는지는 모르겠지만 운동 이데아를 포획하면 에너지 킹의 사업에는 큰 도움이 되겠죠."

마 회장의 눈동자가 흔들렸다.

"무…… 무슨 도움!"

"로켓의 핵심 원리는 작용 반작용의 법칙입니다. 로켓이 엄청나게 빠른 속력으로 가스를 뿜어내면, 이때 발생하는 반작용으로 로켓이 날아가죠. 하지만 운동 이데아에게는 속력을 마음대로 조절할 수 있는 능력이 있으니, 가스를 분출하지 않고도 충분히 빠른 속력으로 로켓이 날아갈 수 있게 해 줄 겁니다."

김상욱 아저씨는 마 회장의 귀에 무슨 말을 속삭였다.
마 회장이 웃음을 터뜨렸다.

"꿈도 야무지군! 내가 당신을 순순히 도와줄 것 같아?"

"제가 이데아를 갖겠다는 게 아닙니다. 청팀과 백팀은 동점이고, 운동회는 이제 한 경기 남았죠. 힘을 모아 이데아를 잡은 뒤에, 남은 경기에서 이기는 쪽이 정정당당하게 이데아 캔을 차지하자는 겁니다."

 마 회장의 머릿속이 바쁘게 움직였다. 김상욱 박사는 지금까지 이데아를 일곱 마리나 잡았다. 이번에도 김상욱 박사가 시키는 대로 한다면 별 탈 없이 이데아를 잡을 수 있을 것이다. 그가 원하는 장치쯤이야 직원들을 동원하면 금세 가져올 수 있다.
 남은 경기에서 이긴다면 쓸모 있는 운동 이데아는 자신의 것. 만약 지더라도 힘으로 뺏으면 그만이다.
 마 회장의 입가에 음흉한 미소가 걸렸다.
 마 회장은 김상욱 박사에게서 시선을 떼지 않은 채 어디론가 전화를 걸었다.
 "준비물은 원하는 만큼 얼마든지 제공할 테니 반드시 잡아. 안 그랬다가는 세 꼬맹이들도 무사하지 못할 줄 알아."

# 6. 힘은 짝꿍이다!

### 오늘의 연구 대상

운동 이데아가 로켓 사업에 도움이 될 거라는 김상욱 아저씨의 말에 마 회장이 우리의 계획에 동참하기로 했어!

**그런데 정확히 로켓 개발에 어떻게 도움이 된다는 걸까?**

### 오늘의 일지

내가 물리를 사랑하는 만큼 물리도 나를 사랑하겠지?

### 힘은 혼자가 아니야

문을 밀면 문이 열리고, 축구공을 차면 공이 멀리 날아가. 이때, 우리는 문과 축구공에 우리만 힘을 준다고 착각할 때가 많아. 하지만 사실 내가 문을 민 만큼 문도 나를 밀고, 내가 축구공을 찬 만큼 축구공도 내 발에 힘을 가하지.

이처럼 힘은 항상 짝을 이루어 나타나. 두 힘의 크기는 같지만, 작용하는 방향은 서로 반대지. 이를 작용·반작용의 법칙이라고 해.

## 작용·반작용의 법칙이란?

작용·반작용의 법칙은 한 물체가 다른 물체에 힘을 가하면, 그 물체도 똑같은 크기의 힘을 반대 방향으로 가한다는 물리 법칙이야.

예를 들어, 네가 스케이트를 타고 친구를 앞으로 밀면, 친구는 앞으로 움직이고 그와 동시에 너는 반대로 뒤로 밀려나지.

이때, 네가 친구를 미는 힘이 작용, 친구가 너를 미는 힘이 반작용이라고 해.

## 작용·반작용의 법칙을 어디서 볼 수 있을까?

작용·반작용의 법칙은 우리가 움직이는 거의 모든 순간에 숨어 있어. 힘이 서로 오가는 관계를 알면, 세상의 움직임이 더 재미있게 보일 거야!

• **걷기** : 우리가 발로 땅을 뒤로 밀면, 땅이 같은 크기의 힘으로 발을 앞으로 밀어줘. 이 힘 덕분에 우리는 앞으로 나아갈 수 있는 거야.

• **수영** : 팔이나 발로 물을 뒤로 밀면, 물이 우리 몸을 앞으로 밀어줘서 앞으로 나아가. 팔과 발로 최대한 빠르게 많은 양의 물을 정확히 뒤로 보내어 이 반작용의 힘을 최대한 이용하는 거야.

• **로켓 발사** : 로켓 엔진 안에서 연료가 타면서 뜨거운 가스를 아래로 강하게 뿜어내면, 그 반작용으로 가스가 로켓을 위로 밀어 올려. 이 힘이 중력을 이길 만큼 커야 로켓이 우주로 날아갈 수 있어.

> **오늘의 연구 결과**
>
> ### 작용·반작용은 서로 힘의 크기는 같고 방향은 반대다!

 과연 운동 이데아를 잡을 수 있을까?

# 7

# 시도하지 않으면 실패뿐!

그로부터 20분 뒤, 트럭 두 대가 햇빛 초등학교 교문을 통과했다. 첫 번째 트럭에는 학부모와 선생님들을 위한 커피와 어린이들을 위한 아이스크림이 실려 있었다.

에너지 킹의 직원들이 아이스크림과 커피를 나눠 주기 시작했다. 모두의 관심이 간식거리에 쏠린 사이, 두 번째 트럭에서는 천에 덮인 기구들이 내려지기 시작했다.

잠시 후, 친환경 놀이터에 있던 것과 똑같이 생긴 쳇바퀴 모양 놀이기구 한 대, 러닝머신 세 대, '천국의 계단'으로 불리는 스텝 밀 한 대가 체육관에 놓였다.

레드가 못마땅한 얼굴로 물었다.

"이게 다 뭐예요?"

"이걸로 뭘 어쩌시겠다는 거죠? 설명은 제대로 해 주셔야죠."

김상욱 아저씨가 말했다.

"이 기구들은 사람이 운동을 해도 위치가 변하지 않는다는 특징이 있습니다. 운동 이데아 키니는 기구들이 작동하는 모습을 보면 분명히 흥미를 느낄 거예요."

당장이라도 싸울 것 같은 분위기에 김상욱 아저씨가 끼어들었다.

"비서님들 말씀이 맞습니다. 키니가 체육관에 나타난다는 보장은 없습니다. 하지만 할 수 있는 일이 있다면 뭐든 해 봐야죠. 기회는 저절로 오는 게 아니라 스스로 만드는 것 아닙니까?"

김상욱 아저씨의 진지한 목소리에 모두가 입을 다물었다.

건우가 말했다.

"이제야 조용해졌네. 아저씨, 그럼 우리는 뭘 하면 돼요?"

김상욱 아저씨는 초소형 무전기를 사람들에게 나눠 주었다.

 마음에 드는 운동 기구를 고르라는 김상욱 아저씨의 말과 동시에 블랙과 화이트가 쳇바퀴 모양 놀이기구를 향해 질주했다.
 그리고 이번에는 지옥의 계단이라는 블랙과 화이트의 말을 듣자마자 아이들이 러닝머신을 향해 달려갔다.

아이들은 러닝머신을 켜고 천천히 걷기 시작했다.

마 회장은 두 비서와 함께 쳇바퀴를 맡으려고 했지만 덩치가 너무 커서 기구 안에 같이 있을 수가 없었다. 결국 레드가 쳇바퀴에 합류했고, 쫓겨난 마 회장은 투덜거리며 천국의 계단에 올랐다.

몇 분 동안 모두가 맡은 임무를 묵묵히 해냈다. 긴박한 상황 속에서도 러닝머신을 처음 타 본 아이들의 입에서는 순수한 웃음이 터져 나왔다. 오만상을 찌푸린 사람은 마 회장뿐. 마 회장은 지옥의 계단 위에서 허벅지가 터질 듯한 고통에 시달리고 있었다.

한편, 축구 골대 위에서 간식을 먹는 사람들을 지켜보던 키니는 바닥으로 내려왔다. 키니의 동그란 눈이 주변을 살폈다.

자신을 주머니에 넣고 다니던 아이와 아저씨는 어디로 갔을까. 공에 흡수되는 모습을 그 아저씨에게 제대로 들키고 말았지만, 이렇게 사람이 많은 곳에 계속 머무를 수는 없다.

어딘가에 숨어야 한다.

키니는 체육관 쪽으로 스르르 미끄러져 나아갔다. 체육관으로 들어간 순간, 키니의 눈이 번쩍 뜨였다. 난생처음 보는 광경이 눈앞에 펼쳐져 있었다. 사람들이 이상한 장치 속에서 팔다리를 쉬지 않고 움직였지만, 그들의 위치는 조금도 변하지 않았다.

어떻게 된 거지?
다들 뭘 하는 거야?

키니는 경계심을 늦추지 않은 채 사람들 가까이 다가갔다. 가장 신기해 보이는 장치는 끝없이 돌아가는 쳇바퀴였다. 바퀴 안에서 세 사람이 숨을 헉헉대며 바퀴를 쉴 새 없이 굴리고 있었다.

키니가 경이로운 눈으로 바퀴를 쳐다보는 동안, 블랙과 화이트가 바퀴 밖으로 굴러떨어졌다.

결국, 두 사람은 바닥에 대자로 뻗어 버렸다.

키니는 생각했다. 몹시 힘들어 보이는 빨간 머리 여자를 도와 줄 겸, 저 재미있어 보이는 바퀴를 직접 굴려 보자고.

키니는 바퀴 속으로 폴짝 뛰어올랐다.

이어폰에서 김상욱 박사의 목소리가 들려왔지만 대답할 틈은 없었다. 키니는 바퀴 속에서 콩콩 뛰어오르며 무서운 속도로 바퀴를 굴리기 시작했다.

레드의 비명을 들은 김상욱 아저씨가 이데아 캔을 들고 뛰어나왔다. 하지만 다들 운동 기구에서 내려와 빠르게 돌아가는 쳇바퀴를 보며 발을 동동 구를 뿐이었다.

그 순간, 레드의 몸이 바퀴에서 튕겨 나오며 허공으로 날아갔다. 당황한 키니도 레드를 지키기 위해 몸을 던졌다.

키니가 레드의 다리에 흡수되자 레드는 정신없이 웃음을 터뜨렸다.

"간지러워, 간지럽다고!"

레드는 공중에서 빙글빙글 돌며 바닥에 무사히 착지했다. 레드가 비틀거리며 주저앉은 순간, 레드의 다리에서 키니가 튀어나왔다. 처음 겪어 보는 어지러움 때문에 키니의 눈도 레드처럼 소용돌이치고 있었다.

　김상욱 아저씨가 키니를 향해 이데아 캔을 들이댔다. 눈도 뜰 수 없을 만큼 환한 빛에 모두가 얼굴을 찡그렸다. 키니의 말랑말랑한 몸은 이데아 캔 속으로 순식간에 빨려 들어갔다.

　모두의 환호성이 체육관에 울려 퍼졌다. 지옥의 계단을 오르느라 지칠 대로 지친 마 회장과 어지러움 때문에 아직도 자리에서 일어나지 못하는 레드만 빼고.

체육관 밖에서 사회자의 목소리가 들려왔다.

"안내 말씀드리겠습니다. 10분 뒤에 마지막 경기를 시작하겠습니다!"

마 회장이 말했다.

"이봐, 김상욱 박사. 약속을 잊진 않았겠지? 나중에 딴소리하기만 해 봐!"

"물론이죠. 벨라 요원과 그쪽 비서들 중 한 명이 마지막 경기를 치르는 동안 이데아 캔을 지키고 있는 건 어떨까요?"

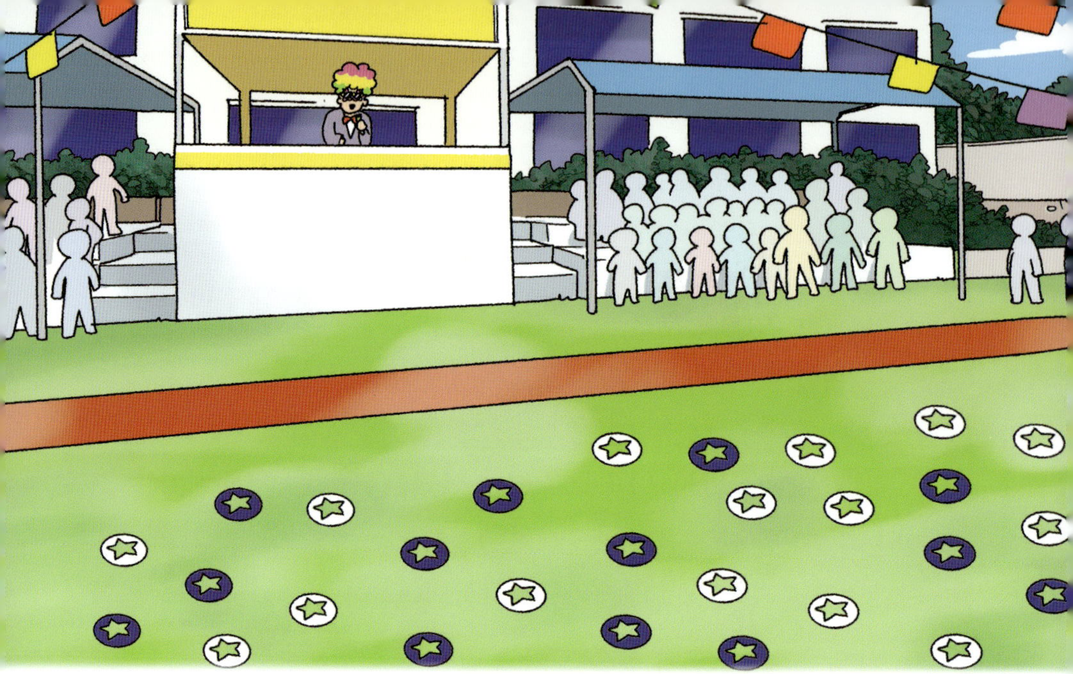

마 회장은 운동장에 펼쳐진 광경을 보고 눈을 질끈 감았다. 가운데가 별 모양으로 뚫린 동그란 판들이 바닥에 촘촘히 깔려 있었다.

마지막 경기의 이름은 '별판 뒤집기'!

양면이 각각 파란색과 하얀색으로 칠해진 별판을 청팀은 파란색 면이 위를 향하도록, 백팀은 하얀색 면이 위를 향하도록 계속 뒤집는다. 제한 시간이 끝났을 때, 색깔이 더 많이 보이는 쪽 팀이 승리하는 간단한 경기.

하지만 규칙이 단순한 만큼 허리를 굽힌 채 판을 끊임없이 뒤집어야 해서 체력이 금세 소진되는 경기다.

잠시 후, 사회자의 안내에 따라 모두들 운동장에 흩어졌다. 마 회장과 김상욱 아저씨 사이에는 보이지 않는 불꽃이 뜨겁게 타올랐다.

"기다리고 기다리던 마지막 경기를 펼칠 시간이 다가왔습니다. 현재 점수는 동점! 이번 경기에서 승리하는 팀이 게임팩과 주유권을 차지합니다. 경기 시간은 단 3분! 준비, 시~~~~~작!"

호루라기 소리가 울리자마자 모두가 쪼그려 앉은 채 판을 정신없이 뒤집기 시작했다. 자기 팀 색깔이 위로 오게 뒤집어도 금세 상대 팀 선수가 제자리로 돌려놓았다. 다들 눈을 부릅뜬 채 오리걸음으로 운동장을 누비며 판을 뒤집었다.

김상욱 아저씨가 또만나 떡볶이를 맡은 지 몇 달이 지났다. 아저씨는 그동안 펄펄 끓는 떡볶이를 수없이 휘젓고, 밤낮없이 밀가루를 주물럭거리며 튀김 반죽을 만들었다. 무거운 떡볶이 판과 어묵 냄비를 혼자 번쩍번쩍 들어가며 설거지도 했다.

사실 그건 매콤달콤 삼총사도 마찬가지였다. 김상욱 아저씨와 아이들은 또만나 떡볶이에서 단련한 체력과 아이디어를 뺏길 수 없다는 일념으로 누구보다 빠르게 별판을 뒤집었다.

한편, 마 회장의 입에서는 앓는 소리가 끝없이 흘러나왔다. 천국의 계단을 쉬지 않고 올랐던 마 회장은 쓰러지기 직전이었다. 두툼한 뱃살 때문에 쭈그려 앉아 있는 것만으로도 숨이 막혔다.
　마 회장의 명령으로 몰래 경기에 끼어든 블랙과 화이트도 마찬가지였다.

비서들에게 다시 한번 핀잔을 주려던 마 회장은 건우 할머니의 엉덩이에 부딪혀 나동그라졌다.

"아이고, 내가 유명하신 분을 밀어 버렸네. 자네 괜찮나?"

건우 할머니는 멋쩍게 웃으며 마 회장이 애써 뒤집은 판들을 빛의 속도로 다시 뒤집었다.

마 회장이 분노를 터뜨리려던 그때, 호루라기 소리가 울렸다.

"경기 끝! 다들 머리 위로 손! 최종 결과를 발표하겠습니다."

3 대 2로 백팀 승리!
마두식 회장님의 특별 선물은
백팀에게 돌아갑니다!

벨라 요원이 이데아 캔을 들고 기쁨의 함성을 지르며 달려왔다. 김상욱 아저씨와 아이들, 벨라 요원은 서로를 얼싸안고 승리를 축하했다. 그 모습을 지켜보던 마 회장의 눈빛은 분노와 질투로 이글거렸다. 레드는 운동장 한구석에서 머리를 쥐어뜯었다.

마 회장은 비서들의 말을 무시하고 김상욱 아저씨를 향해 걸어갔다.

그 순간, 학부모들이 우르르 몰려와 마 회장 앞을 막아섰다.

　김상욱 아저씨와 벨라 요원은 서둘러 햇빛 초등학교를 빠져나갔다. 운동 이데아 키니가 잠든 이데아 캔을 소중히 끌어안은 채.
　김상욱 아저씨를 찾는 마 회장의 애절한 눈빛이 운동장을 떠돌았지만, 김상욱 아저씨의 모습은 어디에도 보이지 않았다.

# 7 원운동 속 힘의 방향은 어디일까?

> 오늘의 연구 대상

쳇바퀴에서 빠르게 돌던 마 회장의 비서가
허공으로 날아가 버렸어!

**원운동에는 어떤 힘이 숨겨져 있을까?**

> 오늘의 일지

물리를 향한 내 사랑은
마치 관성과도 같지.

### 바깥으로 밀려나는 느낌은 뭘까?

회전목마를 탈 때, 몸이 바깥으로 쏠리는 느낌을 느껴본 적 있니? 자동차가 커브를 크게 돌 때도 비슷하게 몸이 옆으로 밀려나는 것만 같은 느낌이 느껴질 거야.

이렇게 물체가 **원을 그리며 운동할 때, 바깥쪽으로 끌려 나가는 것처럼 느껴지는 힘**을 '**원심력**'이라고 해. 물체가 원래 운동하던 방향을 계속 유지하려는 관성 때문에 나타나는 현상이지.

## 원심력의 정체

**원심력은 물체가 회전하며 운동하는 상황에서만 느껴지는 힘**이야. 실제로 바깥쪽으로 작용하는 힘이 존재하는 것은 아니지만, 회전하던 물체가 원래 움직이던 직선 경로를 유지하려는 관성 때문에 마치 바깥으로 밀려나는 것처럼 느껴지는 거지.

그래서 **원심력은 '실제로 존재하는 힘'이 아니야.** 만약 원심력이 실제로 존재하는 힘이라면 원운동을 하고 있지 않은 제삼자도 그 힘을 관측하거나 측정할 수 있어야 하지만, 원심력은 원운동을 하고 있는 당사자에게만 느껴지는 힘이기 때문이지.

바깥쪽으로 밀려나는 느낌이 든다!

## 원운동의 진짜 주인공, 구심력

물체가 원을 그리며 계속 움직이려면 **바깥쪽으로 튀어 나가려는 성질을 억제하면서 동시에 원운동의 중심 쪽으로 물체를 끌어당기는 힘**이 필요해. 이 힘이 바로 **구심력**이야. 그리고 구심력은 항상 **원의 중심을 향해 작용**하지.

예를 들어, 세탁기에서 빨래가 탈수될 때, 빨래를 통 안쪽에 붙잡아주는 힘이 바로 구심력이야. 구심력이 사라지면 물체는 더 이상 원운동을 유지할 수 없고 원래 움직이던 직선 방향으로 날아가 버리지.

세탁기

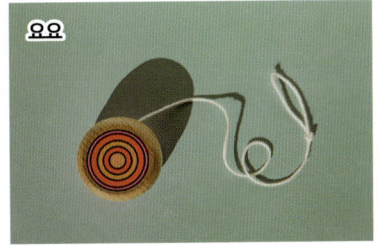
요요

> **오늘의 연구 결과**
>
> ## 원운동의 핵심은 원심력이 아니라 구심력!

 마 회장과의 대결에서 승리! 키니는 우리가 데려간다!

물리
이데아
·도감·

NO.8

# 키니

운동
이데아

**키**
8센티미터

**몸무게**
10그램

**좋아하는 것**
자신을 닮은 말랑말랑한 것

**성격**
다정하고 동정심이 많다.

**특징**
인체나 물체에 흡수되어 운동 방향과 속력을 조절할 수 있다.
인체에 흡수될 때는 간지러움이, 물체에 흡수될 때는 진동이 느껴진다.

**주의할 점**
슬퍼하거나 곤경에 처한 이들을 보면 무조건 도와주려고 하니 주의할 것.

### 🏔️ 키니가 일으킨 현상 분석

| 현상 | 원인 | 질문 |
|---|---|---|
| ① 삐뚤빼뚤하게 달리다가 태리와 선두를 다투게 된 청팀 선수 | 속도 | 직진한 다음에 유턴해서 출발 지점으로 돌아와도 평균 속도가 0이에요?<br>맞아. 출발점과 도착점이 같아서 위치의 변화가 없기 때문에 평균 속도가 0이 되지. |
| ② 갑자기 달리기가 빨라진 마 회장<br>③ 공을 세게 던지던 솔비 | 속력 | 멀리 간 게 항상 더 빠른 건가요?<br>아니야. 속력을 잴 때는 거리도 중요하지만 그 거리를 이동하는 데 시간이 얼마나 걸렸는지도 파악해야 해. |
| ④ 움직이지 않던 큰 공 | 마찰력 | 바닥이 빙판처럼 미끄러우면 마찰력이 없나요?<br>아니, 빙판 위에서 움직이는 물체도 언젠가는 멈추는 것을 보면 빙판에도 마찰력이 있다는 것을 알 수 있지! |

###  키니 포획 작전

| 포획 팁 | 운동 이데아 키니는 움직여도 위치가 변하지 않는 장치를 활용해 잡을 수 있다. |
|---|---|
| 준비물 | 쳇바퀴 모양 놀이기구, 러닝머신 세 대, 스텝 밀 |
| 포획 방법 | ① 체육관에 쳇바퀴형 놀이기구, 러닝머신 세 대, 스텝 밀을 설치한다.<br>② 각자 마음에 드는 운동 기구를 선택한다.<br>③ 운동 기구 위에서 움직이며 키니가 오기를 기다린다.<br>④ 호기심을 참지 못하고 나타난 키니를 포획한다. |

> ☆ 시간이 흘러도 위치가 변하지 않는 운동 상태를 활용해 포획 성공!
> — 김상욱 아저씨

쿠키

　마 회장과 비서들은 욱신거리는 몸을 이끌고 에너지 킹 건물로 돌아왔다. 사인과 사진 공세에 한참을 시달린 마 회장은 하도 억지웃음을 지었더니 입가에 경련까지 일어날 지경이었다.
　에너지 킹의 비밀 연구실 문을 열자 이룩한 박사가 보였다. 이룩한 박사는 운동 기구 위에서 팔다리를 앞뒤로 움직이며 땀을 뻘뻘 흘리고 있었다.

이룩한 박사는 운동 기구에 걸려 있던 수건으로 땀을 닦으며 기구 아래로 내려왔다.

"운동회에서 무슨 일 있었나요?"

"오셨습니까. 피곤해 보이시네요."

마 회장이 이룩한 박사를 노려봤다.

"지금 뭐 하는 거야! 우리는 얼마나 고생하다 왔는지 알아!"

"저는 쉽게 외출을 못하지 않습니까. 다들 제가 실종된 줄 알고 있을 테니까요. 건강을 위해 실내에서라도 운동을 하려고 한 대 주문했습니다."

다들 힘이 빠져 여기저기 털썩 주저앉았다. 레드는 이룩한 박사에게 운동회에서 벌어진 일을 들려주었다. 결국 김상욱 박사가 운동 아이디어 키니를 차지했다는 것도.

이룩한 박사가 말했다.

"김상욱 박사가 재미있는 아이디어를 냈군요. 키니는 이데아들 중에서도 순하고 착한 녀석이라 더 쉽게 잡을 수 있었을 겁니다."

또다시 화를 낼 줄 알았던 마 회장은 아무 말도 하지 않았다. 그는 오늘 하루를 가만히 돌아봤다. 운동회에서는 패배했고, 여동생과 조카에게는 잔소리만 들었다. 간식을 사고 운동 기구를 가져오느라 돈은 돈대로 썼다. 좋은 마음으로 준비했던 게임팩과 주유권도 결국 백팀의 차지가 됐다.

결정적으로 김상욱 박사 앞에서는 또다시 자존심을 구겼다.

## 9권 미리보기

운동회에서 마두식 회장을 꺾고
운동 아이디어 키니를 잡아낸 덕분일까?

매콤달콤 삼총사는 그 어느 날보다도 기분 좋게 또만나 떡볶이로 향한다.

그런데 불행은 갑자기 찾아오는 것일까?
또만나 떡볶이에서 김상욱 아저씨의 모습이 보이지 않는다!

전화를 걸어도 전원이 꺼져있다는 안내 음성만 흘러나올 뿐.
아이들의 불안은 점점 커져만 간다.

그리고 김상욱 아저씨를 찾으러 간 지하 비밀 연구실에서 아저씨가 남겨 놓은 듯한 편지만 발견하게 되는데…!

얘들아, 이리 좀 와 봐!

지금까지 겪은 일은 모두 잊어. 또만나 떡볶이와 지하 연구실은 이 순간부터 폐쇄한다.

곧이어 아이들은 지금까지 일을 잊고, 또만나 떡볶이를 폐쇄한다는 벨라 요원의 충격적인 말을 듣게 된다!

대체 무슨 일이 벌어지고 있는 거지?

## 텅 빈 또만나 떡볶이! 김상욱 아저씨는 어디로 사라진 것일까?

교과 연계
초등 | 5학년 2학기 | 물체의 운동

기획 김상욱 | 글 김하연 | 그림 정순규 | 자문 강신철

1판 1쇄 발행 2025년 9월 26일
1판 2쇄 발행 2025년 11월 7일

펴낸이 김영곤
프로젝트3팀 팀장 이장건 책임개발 김혜지
영업마케팅팀 정지은 한충희 남정한 장철용 강경남 황성진 김도연 이민재
디자인 김단아
제작팀 이영민 권경민

펴낸곳 ㈜북이십일 아울북
출판등록 2000년 5월 6일 제406-2003-061호
주소 (10881) 경기도 파주시 회동길 201(문발동)
대표전화 031-955-2100 팩스 031-955-2177 홈페이지 www.book21.com

ⓒ 2025 김상욱 · 김하연 · 정순규 · 강신철

ISBN 979-11-7117-482-9 74400
ISBN 979-11-7117-100-2 74400 (세트)

책값은 뒤표지에 있습니다.
이 책 내용의 일부 또는 전부를 재사용하려면 반드시 (주)북이십일의 동의를 얻어야 합니다.
잘못 만들어진 책은 구입하신 서점에서 교환해드립니다.

- 제조자명 : (주)북이십일
- 주소 및 전화번호 : 경기도 파주시 문발동 회동길 201(문발동) / 031-955-2100
- 제조년월 : 2025.11
- 제조국명 : 대한민국
- 사용연령 : 3세 이상 어린이 제품

• 이미지 출처 게티이미지코리아(27쪽, 51쪽, 109쪽, 151쪽)

다양한 SNS 채널에서 아울북과 을파소의 더 많은 이야기를 만나세요.

# 운동 에너지 '키니'의
# 미션 임파서블!